はじめに

「今日もよろしく」

たい焼きの釜《かま》に両手をそえて、語りかけてから、私はたい焼きを焼き始めます。きっとこんなことは他の人はしていないでしょうね。でも、私はするんです。

「今日も頼むね」

たい焼き釜は、物質です。ですけど、私の中では『命がある』と思って釜と向き合わせていただいています。

それが、私のたい焼きと向き合う時の、心持ちなんです。

釜は全部で8釜あります。1釜につき2匹のみ焼けるという感じですね。なので、1釜目から8釜目、焼き切ると16匹のたい焼きが焼ける。

そして火を見ます。火が強すぎる場合や弱すぎる場合があるので、その火の加減も見ながら焼いていきます。

釜を開けて、油をならして、そこからチャッキリという道具を取って、たい焼きの生地を垂《た》らす。まず下生地を入れるんですね。

下生地を入れて、本当にうどんの麺のちょっと太麺くらいのイメージでたい焼き釜の外側に垂らしていく。

下生地を垂らした時の音も、耳で聞いています。

温度が高すぎる場合は中華鍋で何かを炒めているみたいにジュッという音になっていたり、逆に無音の場合は、釜の温度が低いので火力を上げたりします。

そういう数値化されないところは、やはり五感、感性をしっかり研ぎ澄ませて釜と向かいます。

釜に垂らしたたい焼き生地は、自然と釜のたい焼きの形に延びてきて、最後に5円玉の穴くらいを残しているイメージ。それをアンベラというヘラを使って延ばして、たい焼きの形にしていくのです。

次はあんこを入れます。魚の頭と尻尾《しっぽ》の2段階に分けてあんこをアンベラで入れていきます。

通常よく見る、祭りで見るたい焼きは、棒状にドンッとまっすぐ1本であんこを落とすイメージですけど、『日本一たい焼』の場合はアンベラを使いまして、独自の入れ方があるんです。

入れ終わった後に魚の頭と尻尾がつながって、うまくいった人のあんこは1枚物の魚のようになっています。

あんこを入れる前に、「あんさし」と呼ばれるあんこを注ぐための道具の上であんこの表面をしっかり均《なら》す。あんこの表面をしっかり均すことによって、生地を垂らした時にあんこの表面が生地にスーッとなめらかに合わさり、それを閉めることで、薄皮でたい焼きが焼けるのです。

あんこの表面がデコボコだったら、薄皮でも生地が延びないんです。あんこが月表面のクレーターみたいになってしまい、生地がそのクレーターの部分にポコポコって入ってしまうイメージです。

感性だけではなく、基本、数値化されている部分もありますよ。

釜の温度は何度以上とか、あとはスピードです。

スピードは１釜目から８釜目まで７分台までならＯＫです。８分を超えてしまうと、商品として少し基準を満たしていない状況になります。

基準以上の時間をかけてしまうと、水分が飛んでしまって、パサパサなたい焼きになります。

これは焼き上がってすぐには分からないことです。９分のたい焼きであろうが、６分のたい焼きであろうが、焼き上がってすぐは分からないんです。

しかし、10分、30分、１時間と時間が経つと違いが分かってしまいます。最も分かるのは翌日ですね。焼くのに時間がかかり過ぎた場合、翌日のたい焼きは、厚皮になってしまいます。また、生地を多く入れ過ぎてしまった場合は、たい焼きが固くなります。

『日本一たい焼』は『薄皮パリパリ、あんこたっぷり』が特徴なので、配合的に１００％小麦粉ですけれど、フランスパンの皮のパリパリのイメージは分かりますかね？

そのフランスパンの皮に含まれる成分が入っているので、皮の生地が多くて、時間をかけて焼き過ぎたたい焼きの場合、翌日に水分が失われてカチカチになるのです。

恥ずかしながら『日本一たい焼』の中では、まだそこにたい焼きの品質の差が出てくるので、そこを改善すべく今は日々精進しているという段階です。

さらに天候です。やはりたい焼きを焼くには天候の影響が大きいですね。

低気圧の時は、水の沸点も少し下がると言われているじゃないですか。だから火を若干下げたり上げたりをしますね。ただこればかりは本当に職人任せとなります。

なので、たい焼きを焼くのがうまくなるコツは……。

『自分の火を掴むことだよ』と言っています。

10人の焼き手がいたら『自分の火』は、みんな炎の高さが違うんですよ。

それは、何センチという風に定規《じょうぎ》で測れるものではありません。

それを自分で身につけていくんです。

自分の火は、自分で掴《つか》んでいくんです。

火が強すぎると、たい焼きは熱い熱いと言って日焼けしたハワイ帰りのたい焼きになってしまいます。

逆に焼き損じを怖がり火を弱くしすぎると、焼き上がりが半端になって「ほにゃ」っとした弱々しいたい焼きになってしまいます。

さらに、例えはじめはきれいに焼けていても、お客様からたい焼きのクレームを受けると、その動揺が釜に影響を与えてしまうのですね。

そして、自分の疲れ具合によっても、釜の火の加減を調整します。

私は２００７年、株式会社日本一たい焼に入社。

２００９年に第二次たい焼きブームが起き、たい焼き市場は5倍に。ちょうど『日本一たい焼』も、私が入社した時の19店舗から出店が進み、30店舗を越えていくタイミングでした。

そこで、これまで焼いてきたたい焼きは100万匹以上。

『自分の火』を掴むまでは4カ月。

そこから100万匹のたい焼きを、焼き続けても、1日焼き終えても……。

100点満点はないです。

やっぱり90点だなとか。私も、店員さんに「今日何点だった?」と聞くと、「60点でした」とか「80点でした」とか、やはりレベルに応じてですが、上級者になると80点以上とかになります。

自分が惚れ惚れするようなたい焼きが焼けるのは、1日の中で2匹ですからね。
本当に、奥が深いです。

ついつい、たい焼きの話で熱くなってしまいましたね。

それでもお伝えしたいこと。

それは、あなた自身の『自分の火を掴むこと』、

そして、その「自分の火を維持すること」なんです。

私の人生、良い時も、悪い時もありました。でもどんな時も、私の中にある『火』を信じて生きて来ました。

決して負けないように……。

この本を手に取ってくださった方の心に、たい焼きにこだわり続けた私の人生の火が灯りますように。

どんなにつらいことがあっても、生き抜くための明るい火になることを祈って。

目次

はじめに　2

第1章　笑うから楽しくなる　15

中途半端な中学生時代　20
親父、この野郎!!　25

第2章　率先垂範　29

スタートラインは同じ　30
私の反抗期　33
チームに笑い声を増やしたい　42
なんでもできる、ドンと来い!!　51
影響を与える人になりたくて　61

第3章　希望、迷い、決意の20代　75

本当にしたかったことって、なんやったかな?　76
グランドキャニオンの風を受けて　82
夢を叶えていないのは自分だった　87

第4章　分岐点　91

母がバス停まで……　92
もう1回やってみよう　98
「誰もが嫌がる店の店長をさせてください」　107
牛丼がなくなった日　123
「採用たい!!」　139

第5章　勝つ人生より、負けない人生　153

ひたすら焼いて、ひたすら泣いた　154
狭き門、『たい焼検定』　164
独立の気持ちの芽生え　184
心を込めて　191
人は冷たい、人は温かい　213
今に見とけ、きっと追い風は吹く　233
おわりに　248

第1章　笑うから楽しくなる

私は福岡県糸島市出身の四人兄弟の三男坊です。ちょっとした田舎で、田んぼに囲まれて育ったんですが、小学校入学と同時に、家族ごと福岡市の博多に引っ越しました。

私が幼稚園の時には、父は福岡市のど真ん中、博多で事業をしていたんです。

父の事業は配管の卸売り、小切手の商売とそれなりに順調でした。

でも、私が小学校1年生の時に従業員が一気に辞めてしまい、母は父の事業を手伝い、自分も家に帰らず、学校からランドセルを背負ったまま父の会社へ行き仕事を手伝っていました。

友だちと「遊ぼう」って約束して小学校から帰るんですけど、遊びに行けなかったですね。

小学校低学年にして、「約束を破る」ということをしていたんですね。

だから、いまだに覚えているんです。

泣くんですけど、会社の事務所の鏡を見て、涙を笑顔に変えていたことがありますね。

幼い頃から「笑おう」としました。

その頃から「周りが暗かったら明るくしよう」という性格や「自分が明るくしなきゃ」という気持ちは芽生えていたと思います。

宿題ができず、廊下に立たされることもありました。先生から「あんた、なんで宿題できなかったとね？」と聞かれて「家の仕事でできなかった」と答えても、先生から信じてもらえませんでした。

先生のことを恨む気持ちはありませんでした。

ただ、だんだん「なんでこんな家に生まれたとやろ……」という気持ちも、同時に芽生えていました。

父は私の100倍ぐらい熱かったですね。まさに九州男児です。火の国・九州と言われますからね。元々は商社で働いていたし、収入もすごく良かったようです。

けれど、やはり商売をしたいという自分自身の思いと、父方の祖母もやはり自分で商売をしてほしいという夢もあったみたいで、商売を始めたようです。

私自身の中にも父と同じ九州男児を感じます。

実は、いくつまでかは忘れましたけれども、大人になってからも自分の父を反面教師みたいに感じていて、「親父のようにはならないでおこう」と思っていたんですけど……。

ところどころ、父と私は変わらんなぁ、とは感じています。

それでも、やはり小学校6年生くらいまでは、父の話を正座をして聞かないといけない家庭でした。

お風呂上がりの父の身体は、母がタオルで拭いていましたからね。私も子どもながらに母が拭いてくれていたのを覚えています。

あと家に友だちが来て、玄関先で「おーい」って言うと、父がそれに対して「おーいとは何事や!! 名前で呼べ!!」みたいな感じの厳格な父だったのです。

そんな厳格な父でしたが、子どもが4人いても、愛情を4等分してはいけないという父でもありました。どういうことかと言うと、

4等分ではなく、一人一人に、100、100、100、100。

そんなほとばしるような愛情をかけてくれていたのが父でした。

父は「お前たちが20歳になるまではうるさいけど、20歳以降は何も言わん」と言っていたのですが、私たちが20歳を超えても、みんな父からやんやん言われていましたね。

「親父、20歳を超えたらなんも言わんって言ったやん」って兄弟で言いながら。

そして、だんだんとみんな、父から離れていってました。

中途半端な中学生時代

私が小学生の頃、先生から呼ばれていたあだ名は「どっしりくん」でした。

真面目で落ち着いた性格だったので、当時テレビCMで象印の「どっしりくん」という魔法瓶が放映されていたのですが、そこからつけられたあだ名だったようです。

休み時間には、少しおぼろげな記憶ですけど、校長室の前の廊下を自主的に拭いていたりしていました。やはり、ほめられるのが嬉しかったんですかね。

また、アンリー・デュナンという、赤十字社を創立した人を小6の卒業文集に、尊敬する人として書いた気がします。そういう慈悲・慈愛・奉仕の心、人のために何かしたいという気持ちが強かったのかもしれないですね。

小学校の5、6年生の時の先生はとにかく厳しい人でした。

小学校一の厳しい先生で、まだ廊下に立たされた時代ですからね。先生が説教する時は教室の中がシーンとなって、時計の針の音が聞こえるんですよ。

聞いたことあります？　教室で？　カチッ、カチッ、カチッと、時計の針の音が聞こえるんです。

その時の同級生と話していると、絶対にその話になるくらいですよ。時計の針の音が聞こえるくらい、みんなシーンとしていたし、まだビンタもされていた。

厳しさの基準値が高いんです。

小学校5年か6年の6月22日に「歩こう大会」という行事があって、20㎞ぐらい歩いたんですよ。小学生ながらにクタクタになって、次の日の月曜日は学校を休んだんですよ。

火曜日に行ったら、とんでもなく怒られました。休みの次の日に休むとは何事じゃ！みたいな怒られ方でした。

あとは教室が汚れていたら、すごく厳しい先生だったので、廊下に立たされていましたね。

でも、その先生に私はすごく鍛えられたなと思ったのは、作文コンクール。

常にみんな作文を出しなさいと言われていて、私は朗読や作文コンクールによく選ばれていました。

文章と向き合う。つたない文章だったと思うんですけれどね。でも、人前で話したり、自分の考えを発表することへの苦手意識はなくなりましたね。

その先生のこと、憎んでないんですね。

ゆくゆく、その先生は校長先生になるんですけど、やはり厳格な方で、私を人前に立つ人間に育ててくれたことに感謝しかないですね。

中学校は俳優の小松政夫《こまつまさお》さんも在籍されていた中学校に入学。

陸上部に入りました。部活に入っていると実家の仕事から離れられたところがありましたからね。

私は趣味は『走ること』と言っていたんですけど、その陸上を上回るくらいハマったものがありました。

ビリヤードです。

当時流行っていたトム・クルーズ主演の映画『ハスラー2』に憧れ、自転車で福岡の中《なか》洲《す》に遊びに行き、ビリヤードに明け暮れました。

暇があったらビリヤードをして、私ともう1人がビリヤードの無料券を中学校で配って広めていたら、全校集会で「ビリヤードの無料券が出回っているっ！　やめなさい！」と叱られていましたね。

それでもやはり、空いた時間は家に仕事を持ってこられて、家で内職的な仕事をさせられていましたね。

そして、私は中学校に上がったら真面目な兄の影響からか、先生方から「きっと弟君も真面目なんだろう」という期待をされているのを感じました。

小さな反骨心が芽生えました。

(個性を出していこう。)

そう思った私はケンカもよくしました。

ケンカにビリヤード。陸上部は途中で辞めてしまいました。

親父、この野郎!!

高校受験が終わった時も、その足でビリヤード場に行っていましたからね。それは「どうせ希望の高校に受かることはないだろう」と思っていたからです。

私立沖学園《おきがくえん》高等学校には受かっていました。ちなみに第一志望の私立高校の1次試験は落ちていたんですよ。東福岡高校というラグビーが強くて、よく全国大会に出場している男子校を受けたんですけど落ちました。その1週間後に沖学園に受かっていたのです。

公立高校は思い切りいいところを受験しました。偏差値60以上の高校を受けたんですけど案の定、落ちました。勉強していませんからね。

公立高校に落ちた時に父に電話しました。合格はできないと分かっていても、ちょっと悔しいじゃないですか。そんな残念な気持ちで父に電話をしたんです。

「よかったね、おめでとう」と父に言われました。

「おめでとう。お前みたいなのが、そこの高校に受かっていたら、日本がおかしくなるわ」と言われたんですよ！

くっそー！　という気持ちが込み上げたことをいまだに覚えています。

この気持ちは、前向きか後ろ向きか分かりません。だけど、父に対しては憎しみが湧きましたね。憎しみというか、この野郎、という気持ち。

ただ、何もかも中途半端で最後に思いっきり悔しい思いをした中学時代だったので、高校の入学式の、絶対印象に残らないはずの校長先生のスピーチがストンと腑に落ちて覚えているんです。

「希望してこの高校に来た子、希望しなくてこの高校に来た子、いると思う。でもスタートラインは同じだ。ここからがんばれ」

校長先生のこの言葉で、また新たなスイッチが入りました。

中学校の時にやり切った感が感じられなかった。中学校の時は好きなように生きたけど、充実感はなかった。

でも、高校に進学してその校長先生の一言で、よし、やろうと思えたんです。

そこで、中学時代に、中途半端に辞めていた「部活」に入ろうと決めたのです。

今でも、時々、ビリヤードには行きます

第2章　率先垂範

スタートラインは同じ

高校に入学して、まずサッカー部か野球部に入ろうと思ったんですよ。やはり球技が好きだったのでね。そこで、部活見学に行くんですけど、そこで分かったことがありました。

沖学園高校には、サッカー部がないんですよ。なので一択で『野球部に入ろう』と思いました。

ただ、私は大バカ野郎なんですけど、高校の部活を中学の延長と考えていたのです。例えば、中学だったら、先輩のことを「○○くん」と呼んでいたので、そのままのノリで先輩を呼ぼうとしていたり。

さらに硬式野球部なのに、軟式用のグローブしか持っていなくて、入部したその日に、はじめて硬球を握るという大バカ野郎でした。

さらに沖学園高校は、周りを見ると部員は、スポーツ特待生ばかり。私は特待生という制度も知らなかったですからね。

だから、めちゃくちゃ野球部は強かったですよ。さらに、二つ上の先輩は、各中学校の番長クラスが集まっていたりと、とにかく怖かったです。

パシリ当番を決められていて、それを断っている同級生もいたけど、私はそんなの断りきれないのでパシリ当番をしていましたよ。さらに先輩に食事も運ばないといけないし。すごい話があって、パシリ中に自動販売機に並ぶ時は、割り込みがＯＫだったんですよ。先輩から「割り込め。そこで〝おまえ、なに割り込んどるとや〟と言われたら、そいつを部室に連れてこい」とかいうくらいの猛者がいっぱいいたんです。……まあ、その辺にしときます（笑）。

そんなすごい所に来てしまった。でも不思議と「辞めようかな……」という気持ちはなかったですね。

それは、チームメイトに恵まれていたということがあるんです。

中途半端に辞めないでおこうと決めていました。体力もないので、もちろんグラウンドで倒れたこともありました。けど辞めなかった。

ちなみに、私は野球の経験がほとんどありませんでした。小学校の3年間、町内のソフトボールをしていたくらいです。

キャッチボールで最初に投げたボールは、1塁から2塁までしか届かなかったです。なんせ硬球をはじめて触ったので。ボールは重いし、慣れていないし。

だから勘違い野郎だったんですね。運動神経は、自分ではいいほうかなと勝手に思っていましたから。

でも、できないからって恥ずかしいという気持ちはなかった。

無知で入った野球部の世界です。

でも知れば知るほど、恥ずかしいと思うようになりました。なんで私はここにいるんだ、なんで中学校から野球をしなかったんだ、と思いましたね。

野球部に入ることを止める友だちもいませんでした。それくらい、友だちとの接点がほぼなかったんです。もっというと家族との会話もなかったです。

私の反抗期

その頃になると父に反抗しまくっていました。

「ゆっくりご飯食べろ」と父から注意されたら3倍速くらいでご飯をかきこみ、ドーンと茶碗を置いて、「ごちそうさん！」。

そんな感じで、あからさまに反抗していましたね。

暴力的なものではなくて、父が近くに来たら、向こうに逃げていくなど、父と真逆の行動を取るという形の反抗だったのです。

そんな反抗期真っ只中の私が、いきなりそんな強豪校の硬球の野球部に入ったんです。

当時の野球部の先生は「山本はいつ野球部を辞めるんだろう」と思っていたらしいですね。

他は全員、野球の経験者。小学校からやっているとか、A特待生、B特待生、C特待生とかで進学しているので、みんな野球がうまかった。

高校に入ってから野球をしたのは私だけでしたから。

最終的に私はレギュラーにはなれていません。

でも、負けん気だけはあった。だからずっと練習をした。先輩からの厳しい指導を受けて悔しくて「やり返そうぜ」と同級生と計画したこともあった。でも「上級生になったら、同じことはやめよう」と耐えた時代もありました。

高校2年の夏の大会が終わったら、先輩が抜けて、私たちと1年生だけになります。その時に、なぜか先生に言われたんです。

「おまえがキャプテンをやれ」

繰り返しますが、1年生の時の私は野球が全然できない、チームの最下層です。

だから「声出せっ!!」と言われても、声の張り方も知らないし、声は喉から出ていたので、全然声が響かなかった。

高校野球で1年生大会という行事があるんです。3年生が抜けて、新チームになって、10月か11月にある大会です。

同じ学年は10名しかいなかったんですよ。野球って9人で試合をしますよね。ということは、最下層は何をするかといったら、スコアを記録するんです。

先生の横に居て、スコアをつけることが私の役目でした。時々、9回2アウトになったら、「おまえ、代打行け」と言われて、ペンを置いて代打に立つというイメージですね。

そんな役割でしたが、チームメイトに恵まれていて。みんな、私のことを「ジョージ、ジョージ」と言ってくれました。

中学までは「りゅうちゃん」というあだ名だったんですけど、私が高校に入学した時に、二つ上の野球部のキャプテンが「おまえ、山本やからジョージな」って言ったんです。

「みちのくひとり旅」の演歌歌手・山本譲二《やまもとじょうじ》さんですね。

そこからみんなが、ジョージ。女子もジョージくんとか、ジョージさんって呼んでくれるようになりました。

野球が下手くそだから私を仲間外れにしようということはなかったですし、私は下手くそを上回るくらい元気を出すようになっていました。

コミュニケーション能力があったとは思えないんですけど、持ち前の負けん気を発揮し、ムードメーカー的な立ち位置で仲間と関わっていました。

その頃の私は『学力の高い野球部員』という感じでした。沖学園は、福岡でも下から数えたほうが早い偏差値の学校でした……。

私はその中の進学クラスにいたので、ちょっと目立っていたんです。そこで勉強もできて、野球部だということで、先生からの評価も少し高かった。

一目置かれるまではいっていませんが「ジョージは、勉強もできていいよね」というポジションにはいたと思いますね。

そして、2年生になって3カ月くらいは上級生がいる。その時にやはり後輩の面倒を見る役も任されていました。

また、バスで練習試合に行く時も、「ジョージ、おまえ、絶対に先生の横に座れよ」と先輩から言われていました。

先生の隣で機嫌取りをしながら、野球の練習でこっちも眠たいけど、足をつねりながら、寝たらいけない！　先生が求めていることをいち早く察して動かないといけない！　と動いていましたね。

そういった気配りや心配りは、そこで身についた力かもしれないですね。

そのような姿が、たぶん先生の信頼を得たのだと思います。

ただ、その時に私は公式戦の打席に一度も立っていなかったので、自分にキャプテンができるのかということが、1番の不安でした。

でも、その時から私は人に取り入る力はあったようですね。

勉強しようと思って、先生から本をもらったりとか。

要はキャプテンとしての勉強をさせていただいていました。その時の高校野球の日誌はいまだに取ってあります。

その1ページ目に書いたのが……、

「一流の選手は、スポーツだけではなく、学業も一流なんだ」

そのフレーズがポーンと落ちてきて、だから野球だけがんばろうというよりは、授業も集中して聞くし、野球もがんばろう、と落とし込みましたね。

あとは『率先垂範《そっせんすいはん》』。

自分がまず行動して模範を示そう、という考え方もキャプテンを務める時に大切にしていました。

この考え方は、その頃、反抗はしていても父もまだ社長だったので、僕がキャプテンになったと言った時に、親切心から教えてくれた言葉ですね。

リーダーとは、みたいなことを父は語るんですけど、当時の私には一言も入ってこないんです。その時は一言も入ってないんだけれども……。

振り返ると、いいこと言ってたな、父は、と思いますね。

父はよかれと思って言っていたのでしょうけど、肝心の私が「うぜえ、こいつ」と思いながら聞いていましたね。

「誰よりも早くグラウンドに行って、誰よりも後に帰るんだぞ」とか。

『率先垂範』を父は語ってくれていたんですけど、言うことを聞かなかったんです。けれども野球雑誌を読むと、同じようなことが書かれていたんですよ。

「ああ……これ、親父が言ってたなぁ」と、そう思って。

それは、今にも通じていますね。率先垂範。つながっていますね。

そこから本当に、グラウンドの整備も率先して自分がしよう、とかを始めました。

その頃を思い出しても、父から言われたことは一言も入っていないはずです。でもいまだに振り返るということは、どこかで父の言葉が毛穴から入っていたんでしょうね、たぶん……。

チームに笑い声を増やしたい

ある時、どうやったらこのチームが強くなるんだろう、と考えるようになりました。

先生からも「おまえの役目は俺の言うことを、いかにみんなに浸透させるかだ！」「おまえが試合に出るよりも、みんなをいかに練習に集中させるかが役目だ！」と言われていました。

だから自分の技術の向上は後回しで、グラウンドにいる1人1人の顔を見ながら過ごしていたなと思い出します。

でもある時に気づくんですよ。

部室で着替えている時に、ふと周りを見たら、部員が誰一人楽しそうに着替えていないんですよね。

ちょっと待て、と。好きな野球を小学生からしてきて、今まさに甲子園を目指してがんばっているチームが、なんでみんなこんな暗い顔をしているんだと思ったのです。

これではいけないと思い、いろんな手を打ったんです。

その時にしたことは、1人1人に「どんな練習したいの?」と3年生に聞いて回って、ノートに書いた。

いつも野球部の練習は、先生が考えます。キャプテンの私が先生の所に行って、先生が「次、ノックな」と言う。

そしたらキャプテンの私が「はい、ノック〜」と声をかけてノックの態勢に入る。

先生が「次、バッティングな」と言ったら

「はい、バッティング〜」とキャプテンの私が言う。

要は、練習は全部受身だったんですね。

練習のメニューは先生の中で全部決まっていたんです。でも……それを逆パターンにしようと私は思ったんですね。

自分たちでやりたいメニューを先生に持って行こう。要は「これは自分たちの決めた練習なんだぞ！」というのを、選手たちに芽生えさせようと思ったんです。

選手たち全員から聞き取るのは大変でしたし、先生も嫌がっていたかもしれません。

ですが、「自分たちの練習を考えてみました。今日はこれで練習させてもらえませんか」と先生に提案した記憶があります。

ちなみにこの案は、結局1日で終わりました。

でも、この試みに仲間たちが乗ってくれましたね。自分たちでしたい練習をしていこうよ、と声をかけて回ったら話を聞いてくれましたから。

そうこうしている間に、チームは私たちの代と下の代が仲良くなっていきましたね。

練習が終わったら、よく一緒にカラオケに行きましたから。

私たちと下の代には、良いチームワークがありました。

今の世代の部活の方が先輩と下の代の関係はもっと良いかもしれませんね。

私たちの年代は、高校2年までは『部活の練習中は水飲むな』の時代だったのです。

私が高校3年くらいから、やっと練習中に休憩が入った。

これも野球部あるあるですけど、グラウンドの近くにストロー付き水筒のストローがぴょこっと出ている状態を作って隠しておく。

ファウルボールが来たら「あっ、俺、取りに行く!!」と言って、ファウルボールを取りに行きながら、ストローのある場所に駆けていくというような、コントみたいなことがありましたから。

そんな時代で、練習も先輩と下の代の関係性も変わろうとしていた時ではありました。

そのタイミングで、全員に「自分たちのしたいこと」をキャプテンとして聞いて回ったことで、部員のみんなは「山本隆司というキャプテンはこういう人間なんだ」と感じていたかもしれませんね。

キャプテンという肩書きがついていますけど、自分より野球が下手で、一番野球のキャリアが短い部員が、それでもチームを良くしようとしている。

その気持ちは、伝わっていたのかもしれないですね。

一番野球のキャリアが短い人がキャプテンになるって、上下関係が良好でも、良く思わない人が必ずいます。

それでも、そこは気持ちで押し切っていた部分が、私にも部員のみんなにもあったはずです。

私の取り組みで部室の着替えの雰囲気が100％変わったとかはないですよ。

けど、やはり笑い声が増えた。そういうことはありましたね。

笑い声があったとはいえ、野球部キャプテンの私はちょっと厳しかったかもしれないですね。日々、プレッシャーと戦っていたのでピリピリしていました。

私が高校3年になった時に、1年生が33人野球部に入ってきたんですよ。27人のチームに33人が入ってきて、部員が60人になったんです

新チームがそこそこ強くて有名だったことと、一つ下のピッチャーが良かったので、その噂も広まっていたのでしょう。

年度の初めに新入生に向けた部活紹介があるじゃないですか。

高校3年の春に、キャプテンが担当するんですけど、顧問の先生から「もう部員はいら

ないから、毎日救急車が来てるって言え」と言われてましたからね。

　そこで私がマイクを持って体育館で言うわけです。

「もううちの部活は毎日救急車来るんで、誰か絶対1人倒れるんで、ミーハーな気持ちで来ないでくださいっ!!」と言ったら……。

　33人がドーンと入部したんです。それでも来たんです。逆にこのチームは本気なんだって煽《あお》っちゃったみたいですね。

　それまで沖学園高校は、私たちが1年生の時に県大会でベスト8が最高でした。当時、他の高校には、今、北海道日本ハムファイターズの監督をされている新庄剛志《しんじょうつよし》さんが、西日本短期大学附属高校にいました。

　その2年後、私にとっての最後の夏の大会。

　はじめて決勝戦まで行かせていただきました。最後は柳川高校というところに2対1で負けてしまいましたが。

当時は新聞からすると、私は『記事にしやすいヤツ』だったんですね。翌日の新聞に取り上げていただきました。

高校から野球を始めて、控え選手として地区大会で準優勝まで連れて行ったキャプテンということで、結構メディアが地方の新聞に私を取り上げてくれました。

後に沖学園高校は甲子園に行きました。第１００回大会なので、２０１８年の夏に初めて甲子園に行ったんです。

速読を取り入れて、試合前に選手に速読をさせる。要は速読をすることによって、ボールの縫い目が見えるそうです。

今でもたぶん練習に速読は取り入れられていると思いますね。だから当時、速読で甲子園に行ったみたいなことも言われていました。

沖学園高校野球部の後輩たちと。真ん中が著者

白球譜

控え選手として準優勝までチームを引っ張ってきた

沖学園3年
山本　隆司主将

多くを学び顔さわやか

同点に追いつく好機の九回裏二死一、二塁。最後の打者が一塁ゴロに倒れた。その瞬間だった。それまで大声で打者を激励していた背番号「10」の主将は、左手で目をふさぎ、腰をかがめてうつ向いた。

「本当に終わったのか。一瞬にして頭の中が真っ白になりました」

ベンチ前に整列し、相手校の校歌を聞く間に、入部当時から、新チームになって苦しんだことが頭の中を駆け巡った。

昨秋、新チーム結成と同時に責任感の強さと人柄をかわれて主将に。しかし、正選手ではなかった。「正選手ではない引け目から、最初はみんなに言いたいことも言えずに苦労しました」。ナインに率先してグラウンド整備やごみ拾いをした。そんな姿を見た選手らが一つになり、主将についてきた。

今大会、出番は一度もなかった。ベンチでニコニコと選手を迎え、元気づける姿が見られた。

前田浩一監督は「彼は高校に入って野球を始め、最も努力した一人。主将としてよく力を出し切り、人間的にも大きくなりました。これからも楽しむ野球をして欲しい」と山本君の労をねぎらった。

「自分のことより、チームのことを考える方が大切でした。チームワークの大切さ、上に立つ者は率先しなければということを学びました。進学をして、大人になってもずっと野球を続けたい。全員の力でやる野球がやっぱり好きです」。

高校野球から多くを学んだ顔はさわやかだった。

県大会決勝戦で、柳川高校に負けた翌日の新聞

ともあれ、「地区大会で準優勝まで勝ち上がった」。

この体験はやはり私にとって大きかったです。高校から野球を始めたのに続けられたのは、やはりチームメイトのおかげだったり、自分のしてきたことが、何か一つの形となって表れたりした体験ですから。

この高校の体験が、今の私のベースにあるのです。

なので私のニックネーム「ジョージ」はその頃の自分を、純粋に白球を追いかけていた自分を忘れないためのものなんです。

なんでもできる、ドンと来い!!

ちなみに勉強はそこそこでした。進学クラスにいたとはいえ、大学進学を考えていなかったので。

でも最後の夏の大会に負けた翌日に、ホテルニューオータニで祝勝会がありました。

その時にトイレに行って。男子トイレで立って用を足していた時に、パッと横に進路の先生が来たんです。

「ああ！　おつかれさまです！」と声をかけたら、「山本……大学、なんか考えてるのか？」って聞いてくれたんですね。

「いや、先生、僕、この数カ月、野球のことしか考えてなかったけん、なんも考えてない」と私が言ったら、

「久留米《くるめ》大学の特別推薦があるから、おまえ、それを受けてみらんか」

そう進路指導の先生に言われました。トイレで推薦枠をいただくという……。トイレの神様っているんですね。

ただ、僕はそこで喜べなかったんです。出席番号が私の一つ前にヤマサキくんがいて。ヤマサキくんは部活をしていなかったんです。

だけど、３年間ヤマサキくんと私は入学してから同じクラスだったので、ずっと彼が久留米大学に行きたいと言っていたのを僕は知っていたんです。

「先生、ごめん。ヤマサキが久留米大学に行きたがってたんで、その特別推薦枠、ヤマサキにあげてください」そう進路指導の先生に言っていたんですよ。

イメージしたんですよ。私がこの特別推薦枠を受けて、久留米大学に受かったとなったら、クラスのヤマサキと顔を合わせにくいなって。僕はそのまま進路指導の先生にそのことも伝えました。

でも進路指導の先生は、担任の先生にそのことを話したそうです。僕は担任の先生に呼ばれて言われました。

「いや、それはおまえが受けないかん」

でも、私も、

「いや、僕はヤマサキが久留米大学に行きたいのを知っているから、久留米大学はヤマサキに譲る」

結構な押し問答になって、そこではまだ解決しなかったんですけどね。

そして、たぶん、担任の先生がこの特別推薦枠の話をヤマサキに話したのでしょう。ヤマサキが僕のとこに来ました。

「ジョージ、これはジョージのところに来た話やから、ジョージが行くべきだよ」

そう言われて、私も「分かった、行かせてもらうね」と。

こうして私の大学進学が決まったのです。

一方で私が反発をしていた父親ですが、私が新聞に載ったことで、人ってこんなに変わるんだっていうくらいの変わりようでした。

私がキャプテンを務める沖学園高校があれよあれよと県大会を勝ち進んでいく。そうしたら、ベスト16くらいになると地元のラジオ放送局や、KBC=九州朝日放送さんとかが、試合終了後にキャプテンインタビューをするんですよ。

試合に出ていないからユニフォームのきれいな控えのキャプテンが呼ばれて、質問の受け答えをするんですけど、そこでいろいろ話をするんですね。

そうしたら父がだんだんと、それまでは「こいつはできそこないや」という態度を取っていたのに「いや、違う！　お前は本当はすごいヤツや！」となるんですよね。

子どもの私から見ると、「もう絶対に兄弟の中で、僕が一番嫌われているやろな」という感覚を持っていたんです。

ですが、お客さんに商売をしている手前、父が言うんです。

「うちの三男がですね」

その父の声が聞こえてくるんですよ。態度もどんどん変わってきて。いまだに母親に時々言うことがあります。親父はコロッと態度が変わったよねって。

そこで思ったのは、結果を出せば周りは変わるんだということです。

そのことはその時の父の姿から学んだ気がしますね。

ちなみにインタビューの受け答えでは、当時のプロ野球選手の真似をよくしていましたね。

当時、後のパンチ佐藤さんが「優勝できますか」のインタビューに「はっきり見えてます」と言っていたんです。そこで私はベスト4くらいのインタビューで「甲子園、見えていますか」のインタビューに「はっきり見えてます」って言ってました。

先生からも、「おまえ、だんだんテレビ慣れしてきたな」って（笑）。そういった場面でも人前で話す力を鍛えられていましたね。

あと、僕がなぜ男子校の東福岡高校を最初に受けたかもお話ししておきます。「どの口が？」と思われるかもしれないけど、私は女性が苦手だったんですよ。

男兄弟の中で育っているので。本当に女性から「おはよう」と言われるだけで、顔が真っ赤になっていましたから。特に好きな人が近くを通ろうものなら顔が茹でダコになっていました。

「ジョージ、顔赤いよ」って言われる子だったんです。

高校1年の時に、沖学園に入ると女子が7～8割で、男子が2割です。すれ違うだけで点数を言われたりするんですよ。

「30点」とか。

男のほうが女子から言われてしまう。

でも、このままだとダメだと思いました。それこそ校長先生の「スタートラインは一緒だ」という話につながってくるんですけど。このままじゃダメだと思いました。
だって、30点ですよ。

そんな時にある本に出会ったんですよ。

『人前で恥をかけ』をテーマにした本に出会って、ある時、英語の授業中に行動を起こしたんです。

目の前に教壇があって、先生の目の前に僕が座っていて、「起立、気をつけ、礼」をした後も、新人の英語の先生だったからイメージがみなさんできると思うんですけども、教室がガヤガヤしていたんですね。

その時に私は手を挙げて「先生!」って言ったんです。

「なに、山本くん?」って先生が言ったので、私はこう言いました。

「歌、歌っていいですか？」

そしたら先生が「いいよ」って言ってくれたんです。

授業開始すぐ、教壇に立って、長渕剛の「乾杯」を歌い始めたんです。それをみんながシーンと聞いてくれて。

そこから私の赤面症が治りました。

荒治療ですが、人前で恥かいて、意図的に自分を変えないといかんと思って行動したんです。

その時のクラスメイトの反応は、ドン引きかと思ったら、ガヤガヤしていたクラスの空気がピタッと止まって「なんか歌ってる」ってなって、そこからまたガヤガヤし始めて。

歌い切った後に、なんか自分の中でフーッ……と変わっていった気がしたことを覚えています。

そこから1年生の最後の時には、卒業生を送る予餞会《よせんかい》で、1500人の全校生徒の前で尾崎豊の「卒業」を熱唱できるまでに変わりましたね。

それくらい中学校から高校の間での変化は私の中で大きくて。中学校の時は卒業式で泣けなかったけれど、高校では「仰げば尊し」の一節目で号泣していましたね。

本当は笑って卒業したかったけど、やり切った感動で涙が止まらなかったですね。

福岡でも、選手じゃなかったけど、16人しか選ばれない最優秀選手賞を高野連からいただきましたから。

だから18歳で、調子には乗っていなかったけれど『なんでもできる』みたいな変な自信が芽生えていましたね。

そんな、ドンとこいっという状態で大学に進学したんです。

そこで今度は自分が、人に影響を与えられる人間になりたいと思っていたから……、「教職」を目指すようになります。

影響を与える人になりたくて

教育大学ではなく、一般の大学で教職資格を取るので、単位数は増えるんですけどね。人の役に立ちたい、影響を与えたいという気持ちが強かった。

私の小学校の5、6年生の担任の先生だったり、高校の時に出会った先生たちなど、やはりそれまでに出会ってきた「先生」から私は影響を受けてきました。

今度は自分が、山本隆司に出会って良かった、ジョージに出会ってこうなった、と言われたいっていう気持ちがあったのです。

だから、教師という仕事に憧れがありました。

昔、田原俊彦《たはらとしひこ》さんの主演で『教師びんびん物語』というのがありました。そういったドラマの影響もありましたね。

田原俊彦さんのドラマは小学校の先生だったけど、今の自分で将来何になりたいかなとおぼろげに考えていて、教職を選んだという感じです。

特に高校の時に出会った先生からは影響を受けています。

高校の時は、部活の先生も含めて、先生との関わりが相当凝縮されていたんでしょうね。濃厚だったんでしょうね。人間関係を含めて、やはり人が人に影響を及ぼすことの強さを感じられていたんでしょう。

例えば、野球部で大会の試合相手を決める抽選会に行く時は、先生とキャプテンだけが抽選会場に行くんですね。その車中での先生との会話は、普段の野球の練習のグラウンドでは聞けない話だったりするんです。

グラウンドだと監督の先生から怖いオーラを勝手に生徒側の私は感じているんですけど、グラウンドから離れた車中になると先生が、

「人に必要とされる人間にならないかんよ」

と話してくれるんです。

先生は先生で苦労をしてきた時代があった。練習試合をしようとお願いしても、なかなか相手をしてくれる学校がなかった。けれど、今では相手から練習試合をお願いされる立場になってきた。

その時に聞いた先生の話でその言葉が印象に残っているのは、今でも僕の戒《いまし》めになっています。

調子がいい時は、人がいっぱい集まってくる。でも一番大事なのは、自分が調子が悪い時に、どれだけ周りに人がいるか。

これが大事だよ、ということを高校3年生の時に、そうやって先生に教えてもらった気がしています。

本来、教師・監督は生徒さんと相対します。でも私はキャプテンという経験を通して先生と生徒は「どこかに一緒に行く」という意味も含めて、2人で並んでいるイメージなのです。

それは、先生の話を横で聞くという経験からきているのかも知れません。

それはそうと、教職を目指しているところで、私は大学2年生の時に、牛丼の吉野家に出会いました。

吉野家が福岡にオープンする。そのオープンの時のアルバイト面接、新規グランドオープンの面接に行っていました。

１２０名の応募があって、選ばれた20名のうちの１人が私です。

その当時面接を担当してくれたのが、もうご勇退されましたけれど、吉野家を牽引《けんいん》されてきた安部社長の甥っ子さん、安部店長でした。

安部店長に面接をしてもらい採用されたんです。

私にとって、安部店長との出会いはすごく大きくて、私の７歳上の人だったんですけど、入社した時、私は19歳で、安部店長は26歳だったんですよ。

私は安部店長にとても可愛がってもらい、アルバイトですけど仕事が終わったら「おまえさん、家に来るか？」と言って、泊めてもらったり、一緒にご飯を食べたり。

その時に、私は教職を目指していたんですけど、吉野家の社員もいいな……と思い始めていました。

私、吉野家に魅力を感じていたんです。

その魅力は、高校で培《つちか》ったリーダーシップが発揮できたこと。要はアルバイトとして入社して2～3カ月で店舗のリーダーみたいに働けたことですね。

「お前がどの時間帯のリーダーにもなれ」と言われてましたから。

オープンのキャストだったから、その言葉をそのまま活かせたし、なんかこれ、おもしろいなと思ってきました。

働けば働くほど、時給でしたけど給料も得られるし。

それにやはり『肉盛り』という、独特の技術が吉野家にはあるんですよね。これはたい焼きの『焼き』に通じる部分ですけど。

『肉盛り』は吉野家の牛丼を盛りつける技術のことです。

まず吉野家のお玉は、穴の数が47個とか決まっているんです。

そのお玉でお肉をすくって、このすくった時点で肉の量は並・大盛り・特盛りと決まっているんですよね。さらにいうとタマネギも2～3切れと決まっているんです。

それをお玉でポッとすくって、喫水線《きっすいせん》といって、お玉がタレにつくか、つかないか程度で親指を下にして手首を返す。

そうすると、喫水線だとお玉の中で肉がクルッと回るんですよ。これは何度も練習しましたが、親指をキュッキュッと回すと、肉がクルックルッと回ります。

するとお肉をすくったはずなのに、きれいな丸になるんですよね。

そこへ、左膝を曲げて、左手で丼を取って喫水線につけたまま、左膝を戻すと同時に、右手のお玉を上げると同時にスッと丼に入れるんですよ。

親指をスッと下に落とすと、丸くまとまった肉がダルマ落としみたいに、お玉からスッと抜けて、肉がちょうど無重力状態になるんですよね。

それを左手の丼でパッと取って、配膳担当のパントリーさんに出す。

そして、牛丼を出した後、その左手の先から半時計周りに目線を店全体に効かせて、お客さんの湯飲みの角度を確認するんです。

湯飲みの角度で、お客さんのお茶がどれだけ残っているか見抜くんです。それを見抜ける店長と見抜けない店長がいたんですけど、僕はすごく得意だったんです。

「お茶のお代わり持って行って、Aカウンタートップ右側の3番目のお客さん」とかね。

私は今でいったら、変態アルバイトだったんですよ。休みの日も職場に行って、肉盛りの練習とか、お玉ですくっていましたから。

年に1回『肉盛りコンテスト』があって、いまだに吉野家は開催しているんです。アルバイトは出られないんですけれどね。毎年1回はグランドチャンピオンが誕生し、時々、テレビに出ていますね。

大盛りだと、お玉いっぱいまでとか。並だったら、お玉の端っこが5ミリぐらい空いているとか、そういった職人のような働き方がおもしろくて。

当時は、注文の受け方は口頭だけでした。「並ちょうだい」とかね。

ファストフードは1分以内にお客様に提供する。私たちもスピードにこだわっていたので、お客様の口元を見ていましたね。

お客さんが「並」と言った瞬間、もう丼にご飯を盛っておくんです。大盛りと並をついでおいて、お客さんが「並」と言った瞬間、バッと動く。

「並1丁!」とスタッフさんが言った瞬間、「はい! 持って行って!」と牛丼の並を渡すんですね。

お客さんからしたら20秒以内に牛丼が届くので「もう来た!」みたいな反応。

その反応が楽しかった。だから、働きたくてしょうがなかったです。

私は福岡の吉野家でアルバイトリーダーを任されるようになったのです。

今思えば、仕事においてのリーダーとしてのデビューだったんですね。高校の時に野球部で培ったリーダーシップの経験はやはり大きい。

リーダーの考え方や動き方は、吉野家でもつながって来るんですね。

吉野家の社員もいいなと思い始めて、そのことを安部店長に相談したら……。

「いや、おまえさんの夢は教師だったろう! 教師がんばれ!」とハネられたんですけどね。

他の社員さんからも吉野家の社員に誘われたこともありましたよ。でも、安部店長はやはり教師になりなさいと言ってくださいました。

あと吉野家とは、実はケンカ別れみたいになったところもあったんですよ。

それは私が、傲慢《ごうまん》になっていたからです。

アルバイトとして一通りの仕事もできるようになり、リーダーシップも発揮していました。

もう閉店になりましたが、私がいた吉野家天神親不孝通店は、当時、全国の1000近い店舗の中で、6店舗しかない教育店舗だったのです。

なので、私がアルバイトをしている店舗に新入社員の人が派遣されて、3カ月間の研修をする。なので、大学生のアルバイトが年上の男の人を使う場面が出てくるんです。

それもあって、傲慢になっていったと分析しています。

当時、自分の勤務態度や、シフトに対して、きちんと向き合うこともせず、辞めたということがありましたね。

それが、吉野家のアルバイトから離れるきっかけにもなりました。

そこで、あらためて教師を目指したんです。

沖学園高校は教育実習でもお世話になっていました。大学4年生の時に2週間、教育実習の期間がありましたね。

その当時の先生たちの顔ぶれは、私が高校生の時からほぼ変わっていなかったので「あぁ、懐かしいね」「元教え子だ」という感じで接してくれました。

教育実習中はモテモテでした（笑）。

私はイケメンではないんですけど、きっと「若い男性教師が来た」と盛り上がるんですね。

教育実習生は控室があるので、みんなそこでランチを食べるんですけど、私は熱血教師を目指していたので、教室に入って生徒たちと一緒にご飯を食べるっ!! ということをしていたんです。

そしたら、教育実習2日目から……女子学生さんからの弁当が増えだしまして。

「先生、お弁当作ってきたよ」とか言って、三つくらい。

30点のジョージがですよ（笑）。

後は、教育実習中は靴に絶対に毎日ラブレターが入っていたなんていうこともありました（笑）。

こんな沖学園高校の実習を経て、より教師になろうという気持ちが強くなったんです。

第3章　希望、迷い、決意の20代

本当にしたかったことって、なんやったかな？

大学を卒業してから、自分の母校の沖学園高校に高校教師として帰りました。一つの会社に就職する感じですね。

当時はちょうど体罰が問題になり始めた頃で、高校の採用試験で「体罰をどう思いますか？」と聞かれたのを覚えています。

私は社会科の教師だったので、採用面接に7人くらいいたのですが、6人は全員が「体罰は反対」だったんです。

けれど、僕は1人だけ「体罰はありです」と言ったんですね。

それはやはり、1人1人体罰の認識が違ったと思うのですけど、僕は愛をもって最初から最後まで関わるのだったら、それは体罰ではない、とそこまで言い切ったんですよ。

これで落ちたら、仕方ないなと思って。

でも、成績も悪かったらしいんですけど、卒業生だし、温情みたいなところもあって、沖学園高校に採用してもらいました。

ただ、結論から先に言います。

大学を卒業して2年間で私は教師を辞めました。

当時の自分では耐えきれない部分が出てきて辞めてしまったのです。尊敬する先生の名前に、高校の時の恩師の名前がスッと言えないのはその負い目です。

やはり、私自身が横並びの関係で視線を合わせることを大切にしていたこと、教師という仕事が私に向いていなかったことが要因かも知れません。

でもありがたいのは、当時の教え子が、2年で教師を辞めたんですけどいまだにSNS

で何人かつながっているんです。

ある時、元教え子が電話をかけて来ました。もう3人のお子さんを立派に育てているお母さん。修学旅行でタバコを吸うような女の子だったんですけどね（笑）。

その子が深夜徘徊をしていて、私が1回指導に行ったことがありました。

実は私はその出来事をあまり覚えていなかったんです。

「先生、こういうことがあったよ」と言ってくれたけど私は覚えていなくて。

「俺、その時に何した？」って聞いたんです。

「ラーメンを食べに連れて行ってくれた。おまえ、腹減ってるやろ」と言って。

記憶にはないんですよ。でも、教え子は覚えてくれているんですよ。

やはり、私は目線を合わせることをその時から大事にしていたのかもしれないですね。

その女子生徒の話だと、

「おまえ、腹減ってるやろ」が、私の一言目だったらしいです。叱りつけるとかではなくて「おまえ、腹減ってるやろ」って。

その子は家庭環境が少し複雑だという話は聞いていたんです。

その当時、深夜見回りみたいなことをしていたんですね。私は教師を辞めると決めてから、本来やりたかったことは全部していたと思います。

野球部のコーチも希望していたんです。やはり生徒と関わりたかったからです。そうなると、部活以外の生徒と関わる時間がなくなったんですね。

けれども、もう教師を辞めると決めてからは、部活に遅れてでもクラスの1人2人の生徒を捕まえて、「今日、おまえちょっと職員室来い」って言ってました。

そこで、いろいろ生徒の相談に乗っていた気がしますね。

あぁ、本当は俺、教師としてこういうことがしたかったんだなぁと思いました。

でも部活をもっていたら、授業が終わったらすぐに着替えて、外へ出ないといけなかったのです。

今思うと恥ずかしいんですけど、野球部はただ威圧感で押さえ込んでいましたね。よくある体育会系のコーチを、少し背伸びをして演じていたかもしれないです。

当時の野球部の教え子に「俺ってどんな顔してた？」って聞いたら、「狂っていました」って言っていましたからね。

だからもう顔つきが違っていたんでしょうね。怖い先生だったと思います。

そんなに狂った顔の先生が、深夜徘徊の指導で捕まえにきたんだから、教え子の女子生徒にとっては一番怖い瞬間だったと思うんです。

でもその時に「ラーメン食うか?」って言っていたんですね。きっと、今の笑顔で。

深夜見回りの時は、私は叱り飛ばさないようにしていたんです。不思議と優しいモードで接していたんですね。その時の方が本来の自分が出ていたのかもしれないですね。

野球部での狂った顔の教師の一面と、寄り添って話を聞き指導をしている教師の一面の一つがあった。

それは、やはり「教師を辞めます」と口にしてから、話を聞いてあげたいという本来の自分が出てきたのかもしれません。

本当にしたかったことは、人の話を聞いて、導いてあげること。

指導って、指を指《さ》して導くと書きますけど、指導をしたかったんだろうなと思います。

グランドキャニオンの風を受けて

最終的に教師を辞めると決意した最後の引き金は、沖学園高校の修学旅行で生徒を引率した時でした。

沖学園高校の修学旅行先はアメリカの西海岸なんです。教師として赴任して2年目にして私は担任を持ちました。

普通は3年目からしか担任を持てないんですけれど、2年目でクラスを持たせてもらえたんですよね。

空手、柔道、ゴルフ、野球と特待生ばかりを集めた、要はスポーツ部の担当の先生です。

生徒たちを修学旅行に連れて行く時は、ちょうど悶々《もんもん》といろんな葛藤をしている時だったのでしょうね。

このまま教師を続けていいのか……これから自分はどうするのか……。

そう思った時に、グランドキャニオンに行って、谷間から吹き上がる風を身体にブワーッとあびたんです。

その時に、教師を辞めようと決意しました。

フワーッと風を受けて、教師を辞めよう。一旦校舎から出ようと……。

それまで私はずっと校舎で過ごして来たわけです。小、中、高、大、先生とずっと校舎にいたのです。2年前までは学生だったのに「先生、先生」と言われ始めた。

最初はこそばゆかった感覚が、だんだん先生と言われることに慣れてくる自分がいた。

だから、一旦校舎から離れようと思って。

教師は年3回のボーナスがありますし、公務員と一緒なので安定した収入もあった。だけど、そういった安定したものも蹴って、辞めると決意したんです。

私は教師になりたくて教師になっていたわけです。

なのでおそらく、私自身もグラウンドとか学校の中しか見ていなかったら、教師を辞めていないと思います。

沖学園高校の卒業生は本当に経営者が多いんですよね。私の一つ下の後輩も、ほとんど経営者になっていますね。

そういった経営者になった後輩と話したり、企業で、あるいは経営者としてがんばっている人たちと出会ったりする場面や機会があったので、学校以外の情報が入ってきたんです。

ですね。

だから、事業とか企業とかビジネスとかに、少し意識が向き始めていたのかもしれない

この私の考え方はダサいなぁと思われるかもしれませんが、その頃の私は、朝から晩まですっと学校だったんですよ。

当時、沖学園高校野球部のチームに、後々大学を経てプロに行く選手が2人いたんですよね。

そういった選手もいたので、チームの雰囲気は、ひたすら練習する感じでした。

本当に自主練につき合っていたら、夜11時台ぐらいまで練習するんです。

これはもう何を言わんとしているか分かると思います。

教師の拘束時間ってハンパないんです。学校の仕事を終えて、フラフラになって帰って、寝る。パッとまばたきして目を開けたら、朝が来る。そして、またフラフラになって6時からの朝練に行く。

そういった生活が続いたりすると、希望を持って理想を持って教師になったのに、もうその日を暮らすことに精一杯になるのです。

それが、1日だけではなくてずっと続くのです。

なので、今でいうコストパフォーマンスに目がいったのかもしれないですね。

もしこれが野球を小学校からしていて、野球が大好き過ぎて仕方ない人間だったら、朝から夜まで全てを野球に捧げる生活ができたのかもしれません。

実際に野球部のOBからも「おまえ、最高の環境やんか」と、うらやましがられていたんですよ。だから教師を辞めると言った時に止めてくれた先輩もいたんです。

けれども、もう耳に入らなかった。当時は辞めることを決めていたんです。

夢を叶えていないのは自分だった

コーチとして、自分がしていたことは、結局、選手でもないので、ずっと見ているだけなんですよね。時々ノックを打ったりするかもしれないですけど、ほぼプレイヤーではないので。

やはり自分は『プレイヤー』でいたいんだと、その時に思ったのかもしれないですね。

『夢を見ろ』『夢を叶《かな》えよう』ってよく聞くフレーズかもしれませんけれども、そう言っている教師としての自分が、夢に向かって走っていないということに、気づいたんです。

卒業生を送り出した後に、次はまた、入学式が控えているじゃないですか。

でも、ちょっと待てよ。送り出すのは送り出していくけど、僕はずっと教師として学校にいるんだと思った時に、何か違和感がありました。

そういったあらゆる感情も相まって、教師を辞めるに至ったのかもしれないですね。

もちろん、それが生きがいになる先生もいるだろうし、今でも当時からの先生たちが先生を続けているので、あたり前ですが、『先生』という仕事を否定しているわけではありません。

でも、僕がしたいことはそうじゃなかった、ということですね。

リーダーシップを発揮したい、もっと人の話を聞いて導いてあげたい、安定よりも挑戦をしたい、自分自身がプレイヤーとして生きたい。

だって、かつての教え子に「俺、授業中、どんな話した?」と聞いたらこう言われましたよ。

「先生、矢沢永吉の『成りあがり』をめっちゃ熱く語りよったよ」って。

いやいや「俺、社会の先生やったよね」

「はい。でも印象に残っているのは『成りあがり』を熱く語ってる先生です」

だから、その時には教師を辞める手前くらいだったのでしょうね。もう気持ちが独立することに傾いていたんでしょうね。『成りあがり』のような本ばかり読んでいました。

プレイヤーになりたかったんです。

その気持ちに気づいた私は、校舎から離れる決意をしたのです。

教師になって2年目の頃。職員室にて

第4章　分岐点

母がバス停まで……

高校教師を2年で退職させていただきました。

憧れの職業だっただけに、やはり理想と現実の違いに打ちのめされた感覚でした。

こんなはずじゃなかったのに……。そんな思いをしながら教師という仕事から離れたのです。

一旦、自分を見つめ直そう、という気持ちで校舎から出た感覚でした。

教師を辞めたことは、父にはほぼ事後報告となりました。

不思議と報告が怖いという感情はなかったです。

父も感情は湧いたかもしれませんけど、別に僕を殴って引き止めるとかはなかったです。厳格な父ではありましたが、その時には父に「自分の人生だから教師を辞めるよ」ということまで言えました。

その時にやっと、父という枠から抜け出せた思いになれたんですね。

ただ高校3年生の時に地区大会で準優勝まで進んで取り戻した息子の信頼は、一気にマイナスになったような感覚はありました。

うちの隆司が、うちの隆司がと言っていた息子が先生になって、父からすれば鼻が高い息子だったけど、2年で教師を辞めたのですから。

でも、やはり心のどこかで『親の思い通りにはならない』という、どこか反骨心はあったと思うのです。自分の人生は自分のものだ、という気持ちですね。

そして教師を辞めると報告した時、山本家で母は泣いていました。

いまだに忘れられないんですけど、教師赴任1日目。

それまでにもアルバイトをして、自分の力でなんとなく稼いでいた感覚はありました。

ですが、今振り返ると、教師赴任初日ですね。

「今から学校に行くよ」という時に、母親がバス停まで私について来るんですよ。

「いや、ついて来んでいいって」と言いましたよ。

でも、母親がバス停まで来て送り出してくれたんですよね。

「いや、もういいよ、いいよ」って小っ恥ずかしそうに言いながら。「もう、大丈夫やから」みたいなことを言いながら。

ずっとその日のことが残っていて、その場面をいまだに覚えていて。

当時を思い出すと気持ち悪いじゃないですか。22歳にもなって仕事に送り出してもらうなんて。

でも今思うと、親になった今思うと、やはり社会人1日目に子どもを送り出す親の気持ちがあったのではないかなと思うんですね。

ありがたいというか。見守ってくれているんだな、ということは母から感じましたね。

25年くらい経っているのに、いまだにこの場面を話せるということは、ずっと気持ちが残っているんでしょうね。

中学校、高校と好き勝手に親元を離れて動いてたという感覚だったんです。

だけど、母の送り出しを思い出すと、万感の思いがあったのかなぁと思います。

それだけに2年後に辞めた時の母の涙は堪《こた》えました。

父親に報告した時よりも堪えましたね。堪えたけど、自分の人生だからと踏み出した感じはありました。

教師を辞めたことを機に私は家を飛び出しました。両親と同じ所に住まなくなったんです。

そして、祖母が博多駅の近くに1人で住んでいたので、祖母の所に住むようになりました。

時には友だちの家に転がり込んだりと、いわゆる根無し草のような生活をしていました。

教職を離れてまず何をしたかというと、2年の在籍でも退職金をまとめてもらえましたので、本当に目的はなかったんですけれど、自分探しの旅行を始めました。

退職金が100万円近くあったので、そのお金を使っていろんな所に旅行に行き、数カ月で退職金をほぼ使い果たしたんです。

退職金を使い果たしてから、福岡に帰ってきて、さあ何をしようと思ったら、本当に何も考えていなかったんです。

その時は1998年、バブル崩壊とは言われていたけれども、まだまだ景気はいい時期でした。バブルの絶頂期を経験した人からすると、景気は悪かったようですけど。何かしら仕事はできていた時代ですね。

なので、まずは日銭を稼ごうとして、派遣のアルバイトを地元で始めました。

大学4年生の時に、派遣のアルバイトを少し経験したことがあったので、もう一度その働き方をしてみようということで、派遣で働いていたんです。

最初は現場が違ったりしていたんですけど、一定の工場への派遣を探して、現場に行って働いて、1日7000円ほどでした。

ゆくゆくは閉鎖されるんですけど、練炭を作る工場で、そこで灰にまみれながら、夕方は温かいお風呂がついていたので、ここがいいなと思い働いていました。

そして仕事が終わると、博多駅近くの祖母の家に転がり込んでいました。

祖母が住んでいたのは、博多の公団住宅でワンルームなんですよね。ワンルームで祖母と暮らすというのは、なんだか不思議なようで不思議ではない生活でした。

祖母はむしろ孫が来てくれてウェルカムな空気感でしたが、この祖母の家に居たことが、後から「このままじゃダメだ。やろう‼」という一念発起につながっていくんですけどね。

もう一回やってみよう

この時期は記憶が曖昧で……。というのもいろんな仕事をし過ぎていたんです。

3年間、家庭教師の営業、テレアポ、工場への派遣など、時系列でまとめきれないくらいいろいろな仕事をしていたんですね。

その頃、私が26、27歳くらいの時に、吉野家が福岡空港の近くにオープンするということを知ったのです。

あっ、ここに行ってみよう。吉野家の経験も活かしながら働いてみよう。そう思いました。

ただし、吉野家にもし従業員のブラックリストが存在するならば、たぶん私はそこに登録されているような人だったのです。

大学生のアルバイト時代、リーダーを任されているからこその社員に対しての暴言がありました。

また、既存の吉野家のお店にもアルバイトに行った際、一緒に働いていたメンバーで調子に乗り過ぎた子がお客様のことを「ババア1名」と言ったんですよ。そこに対して僕は注意をせずに、ハハッって笑ってしまったんですよね。

この件は、店内にいらっしゃったお客様がクレームを上げて、その時の責任者は誰だということになり、私が責任を問われることになりました。

そんなこんなで、その吉野家も辞めることになって、最後に吉野家で働いてから期間が空いてたんですけど。

でも昔取った杵柄《きねづか》で、もう1回行ってみようと思ったのです。

福岡空港近くの吉野家のオープンキャストの募集に応募したのですが、なんと「未経験です」という形で面接に行きました。

おそらく吉野家のアルバイト経験者と言ったら「どこで働いてましたか？」と面接の人に聞かれるので、絶対に落とされるだろうと思っていたのです。

未経験者として面接に行って、研修を受けたんですけど、その時にお世話になったのが目をキラッキラさせた店長のカワムラさんでした。

「山本さん、すばらしい！」といつもほめてくれるんです。当時30代半ばで私より10歳ほど離れていたと思います。

私は吉野家で4～5年働いた経験があるので下手くそに仕事をするという演技をするのが大変でした。

当時の吉野家に伝票はありませんでした。お会計の時など、丼の種類や、牛皿の皿の大きさで食事の内容を判断するんです。

これは並盛りです、あれは大盛りですとか、もう全部分かっているんですけど、少しずつ覚えていくフリをしながら働いていました。

研修生でありながら、他の店舗にも研修にも行くんですよね。そこで、ここは昔来たことがある店だ、という店がいっぱいあるんです。

その研修中に、私は本当にカワムラ店長の人間性が好きになりました。

当時、私は香水をつけていたんですけど「香水はやめてください」と注意してくださったのも、カワムラ店長です。この人について行きたいなという気持ちになると……。良心の呵責にさいなまれるんですよね。吉野家で働いたことがないって騙しているので。

そのまま福岡空港近くの吉野家はオープンを迎えるんですよ。

オープンを迎えて、若そうな社員さんが丼にご飯を盛っているんですけど、私には『ご飯盛り』に対してもこだわりがあるので、厨房に丼を突き返すんですよ。

「この盛り方じゃダメダメ」って。

そしたらだんだん、そこにいる社員さんたちがザワザワし始めました。

「誰だ、あいつ」となったので、その時に白状しました。

「すいません……吉野家のオープンキャストの経験もあるし、アルバイトリーダーの経験もあるんです」って。

その時、カワムラ店長の上司にあたるエリアマネージャーが「もうそんなヤツは辞めさせてしまえ！」と言っていたそうです。

やはり過去のクレームの時の責任者だったり、大学の3年間も天神親不孝通店で働いていたことも履歴ですぐに分かってしまうんです。

しかも、そのエリアの上司たちは、僕が大学のアルバイトの時に新入社員で入ってきた人たちで、私が大学生のバイトリーダーの立場で「おまえら、それでも社員か！」と言った人たちだったので……。

今度は立場が全然逆になっている状況で、辞めさせてしまえ、になったんです。

でも、カワムラ店長ともう1人、キタザキさんというサブアシスタントの人がエリアマネージャーさんたちに言ってくれたんですよ。

「それは過去の話でしょう。今の山本さんは違う」と言ってくれたのです。本当にありがたくて。

カワムラ店長は周りからの「山本を辞めさせろ」という声を、全部蹴ってくれたのです。

カワムラ店長と私は知り合ってからの期間は短かったんですけど、働き具合や日頃の取り組み方を見てくださっていたのだろうなと思います。

実はその時、掛け持ちでロイヤルホストでもアルバイトをしていたんです。

そこで「社員にならないか?」という話があったのです。

ただ、ロイヤルホストは、私の望む条件ではなかった。というのも契約社員までにしかなれませんという条件だったのです。

ロイヤルホストは若くしてスタッフを採用し、1年間『ロイヤルアカデミー』という場所で研修をします。そこでコックを養成する期間があるのですが、中途入社だと、人件費の関係で正社員になることはおそらく厳しいだろうとのことでした。

そんな時に、吉野家のカワムラ店長に呼び出されました。

「今度、ご飯行きましょう」と言われて「いいですよ。ぜひぜひ」と言って、ご飯に行っている時にです。

「社員になりませんか？」そう言っていただいたんですよね。

「僕でよかったらぜひ、社員にならせてください！」と言って、吉野家の正社員の面接を受けることになります。

吉野家の面接を受けに行くのですが、いわゆるフランチャイズなので株式会社西洋フードシステムズ九州という会社に就職をする形になりました。

1次面接、2次面接を受けて、3次面接が最後だったのですが、当時の社長と面談するんです。3次面接まで行って、最後に当時の社長さんがこう聞いてくるんですよ。

「あなたは組織に向いている人ですか。向いていない人ですか」

はっきり覚えています。すごい質問ですよね。

その時に私は、質問から3秒後くらいに答えました。

「僕は組織には向いていないです」と言い切ったんですよね。

私はこれで落ちても仕方ないと思いました。

なぜ組織には向いていないです、と答えたかというと、思ったことを必ず上司に言うし、楯突《たてつ》くし、自分の信念に基づいて働いているからです。

軸がブレた時には、上司でも楯突きますっ！　て言ったんですよね。

社長は「そうですか」と言って面接を終えました。

落ちても仕方ないと思っていたら、ありがたいことに合格をいただいたのです。

「あっ、いいんだ、今の自分で」という思いで吉野家に入社しました。

それが、２００１年12月１日ですね。

「誰もが嫌がる店の店長をさせてください」

吉野家に入社して１カ月間、東京に泊まり込みで、新宿東口靖国通り店で研修を受けたんです。そこで東京の吉野家のすごさを感じつつ地元の店舗に赴任するんです。

私がはじめに赴任した店が、福岡の飯塚という地域にある店舗でした。今はもうないのですが、一言で言うとキャストさんが従順なお店。

私のような中途で入った新入社員の言うことでも、全て聞いてくれる。いわゆる社員さんからすると「あそこの店は働きやすいね」と言われるようなお店です。

ただ、時々エリアマネージャーが臨店《りんてん》されて、私の動きを見るんです。私は希望に燃えて、人生を賭けて吉野家に入社しているので、身体中が燃えたぎって働いているわけです。

するとエリアマネージャーに裏へ呼ばれて「有りあまっていますね」と言われました。他のスタッフが大人しく働く中で、鼻息を荒くして働いていましたからね。すぐ見抜かれました。

「山本さん、もて余していますね」と言われて「その通りです」と答えてました。

2カ月を過ぎたくらいには、「このままでは自分の成長はない！」という気持ちが私の中で高まっていました。

当時の自分の所属している会社で、店長になっていないアシスタントマネージャーという役職があるのですが、私もその中の1人でした。

私は後から入社したので、ここを追い抜いて店長の座を勝ち取るにはどうしたらいいんだろうと考えるようになりました。やはり店長になりたかったんです。

もっというと、店長の上のエリアマネージャーになりたかったのです。

どうすれば上に上がれるのかを考えて、友だちにも相談し、親友にも相談し、そしたらある結論に行き着いたのです。

それが、誰もが嫌がる店舗に行こう、でした。

今の担当の店舗はとにかく大人しいので、店長が手に負えないとか、上司から見てもこの店は大変という店舗に行きたいと思い至ったのです。

そこで、その時の店長を飛び越して、エリアマネージャーに直談判《じかだんぱん》し、電話で「誰もが嫌がる店の店長をさせてください」とお願いしたのです。

そうしたらエリアマネージャーからすぐに店長に連絡が行ったみたいで、次の日に店長に裏へ呼ばれました。

「山本さん、ちょっといいですか」と、膝をつき合わせて「この店に何か不満でもあるんですか？」と聞かれました。

「いや、不満どころか、満足しかないです。でも満足しかなかったら、僕の成長はないと思ったんです」

こうして直談判をした結果、店長にも納得をいただき、4月の中旬くらいに1本の電話が鳴りました。

「おめでとうございます。吉野家春吉《はるよし》店の担当です」と。

福岡の中洲にある春吉店は、にぎやかな繁華街のビルイン店舗です。郊外にある駐車場つきではなく、ビルの1階にある店舗です。

そこに2002年5月1日から店長として働くことが決まりました。

まず前提として吉野家にはQSCA（クオリティ＝商品の質、サービス＝サービスの質、クリーンリネス＝清掃の質、アトモスフィア＝雰囲気の質）が審査項目にあります。

春吉店はどういった店かというと、当時の福岡地域30数店舗中、QSCA最下位の店だったんです。

立地自体は悪くなく、月商も800万円くらいのお店だったんですけれど、雰囲気はどんよりというか、少し気持ち悪い感じでした。陰で何かしているな、という一般のお客さんには感じ取れないような感覚です。

一番分かりやすかったのは、コバエ対策がされていなかったこと。繁華街のビルインの店舗なので、排水管からコバエがどうしても発生します。その対策がなされていなかったのです。

あとはアルバイトスタッフの気持ち悪い感覚。これは人の目にもきちんと映りますし、数値にも表れていました。

当時は少し変わったシステムがあって、4時間働くと『牛丼の並だけ』食事ができるのです。今はおそらく社割でいろんなメニューが食べられるらしいんですけれどね。

でも、卵を入れたり、お新香をつけたらダメなんですよ。

でも気持ち悪い感覚のある店だと「あぁ……これ勝手につけているな」ということが分かるのです。

それが赴任する前の4月度の結果や店の雰囲気だったので、本当にこれはヤバいぞ、本当に嫌がられる店があったんだと思いました。

赴任して早々ですが、春吉店のアルバイトの人と面談をしていて気づくことがありました。

社員とアルバイトの「距離」です。

心の距離が3ｍくらい空いているような感じです。それは、前任の店長が20歳くらいの店長で、そこで不信感を抱いていたのです。

はっきりと現場で何があったかは聞いていないのですが、おそらくコミュニケーションが取れていなかったのでしょう。

前任の店長はプレイヤーとしてはたぶん良かったのでしょうが、チームをまとめる力がなかったようで、チラッと聞いた限りでは言行不一致だったようです。

そういったこともあり、とにかく社員とアルバイトの距離が遠いのを感じました。

でも全員と面談をさせてもらっていると、その中から24時間体制の各時間帯の柱になるアルバイトの子、この子とこの子とこの子をしっかり育てようということが見えてきます。

そしてもう1周面談をして、柱になる子を中心に、今から僕は吉野家春吉店をこのようにしていきたい、と伝えたのです。

私からしたらチャンスしかないと思いました。この店をいかにトップにもっていくかということに注力し、どこから手をつけようかを考えました。つまり、どこからでも手がつけられる状態なんです。

まず『人』がすごく大事なので、昼間はこの子、夕方はこの子、深夜はこの子とリーダーを決めたのです。ただ働きぶりは分からないので、はじめは勝手に決め打ちで、自分の感覚でリーダーを決めていきました。

そして「今からこの店の改革をするから、きっと嵐が起きると思う。でも僕を信じてついてきてほしい」と面談で伝えていきました。

具体的に行った改革としては、私は8時出勤ですが、6時くらいに店舗に行って、深夜帯の人たちを見るんです。そうするとアルバイトの子たちがバタバタ隠しているのが分かるのです。

「開けろ」と言っても、なかなかロッカーを開けないのですが、ロッカーを強制的に全部開けさせると、中から生卵が出てきたりするわけです。

あとは私が23時までの勤務だったら「じゃあ、あとよろしく」と言って、帰るフリをして、真向かいのモツ鍋屋さんに潜むんですよ。

モツ鍋を食べながら店の中を見ます。お金を抜いている仕草はだいたい分かるんです。当時はカウンターごとに何台かＰＯＳレジがありました。

お客様にお釣りを渡すんですけど、きちんと入力していない作業は見ていて分かるので「あっ、何かしているな」と思ったら、モツ鍋屋からダーッと駆けつけるんです。

そしていきなり店に入って「はい、じゃあPOSレジ点検するぞ!」と指示を出して、全部の釣り銭をチェックし、そこで不正を見つけ、現行犯を捕まえる。

他にもレジの取引の状態で、キャンセル両替が押されているかの記録をチェックする。

要は会計の時にキャンセル両替ボタンを押すと、お金の入っている場所がレジから出てくるのでお金を触ることができるのです。基本的にキャンセル両替は普通は出ていたらいけないんです。

ですが、明らかにキャンセル両替が出ていたりするのでチェックしていきます。

そういった一つ一つの動きが、以前の20歳の店長と私とでは違う。

今度は違うヤツが来た、となってくるとサーッと潮が引くようにアルバイトの子たちは抜けていきました。

私が店長に就任して4カ月で、見事に13名が退職していきました。

そういう改革しか、やはりできませんでしたね。

絶対にしてはいけないんですけど、当時、私は同じ月に24時間勤務を3回しました。1日26時間勤務をして、後から上司にバレて怒られたんですけど、その時は「あっ、すんませーん」と言っていました。

雇われ店長で、手取り16万円でしたけど、自分の店だという気持ちで働いていました。

辞めた13名の人たちも、ちょっと卵を余分に取ったりとか、お金だってそんなに大きな額は取っていない。卵だって本当に50円ほどですからね。

厳しかったんでしょうね。前の店長とのギャップがあったのでしょう。

そこで一緒に働いていたアルバイトの1人、エトウ エイサクくんという子に出会うんです。

エトウくんは26歳くらいの子で漫画家を目指していることが分かって、私に「漫画家になるにはどうしたらいいですかね？」と相談に来たんですよね。

実はスーパーバイザーからは「エトウをもう辞めさせろ」と言われていたんです。「声が出ないから、あんなヤツはいらん」と。でも、この子は絶対に私のお店には必要だし、何より彼を引き上げたいっていう気持ちがあったのです。

エトウくんは接客する時も「い……いらっしゃいませ……」みたいに声が出にくい子だったんですけど、性格は真っ直ぐでした。

それを私も分かっていたので「漫画家になるにはどうしたらいいですかね？」と相談された時に、僕は即答しました。

「漫画もアルバイトも両方がんばれ」と言ったんです。

それは自分が野球の時に『野球だけがんばれ』ではなくて、キャプテンという役割を学ぶ中で『野球も学業も両方がんばれる人が一流のスポーツマンだ』という考えがあったからです。

本当に好きで、叶えたい夢なら絶対にできる!! おまえならやれる!! と話をしたところ、エトウくんの働きぶりが変わってきたのです。

それまで声に出にくかった「いらっしゃいませ」が腹の底から出るようになった。

そして次にエトウくんは何をしたかというと、アルバイトから帰った後に漫画を描き始めたのです。

結果として有名な週刊漫画誌を発刊している出版社に応募して、エトウくんの漫画は佳作まで獲ったのです。私はエトウくんに「スゴイやんか!!」と伝えました。

その後、エトウくんが漫画家として活動しているかどうかは分からないです。けれど、彼は同じ店でお付き合いしていた女性と無事に結婚したそうです。

そして、もっと嬉しかったのは60名くらいの吉野家の店長会議で、スーパーバイザーが言ってくれました。

「春吉店のエトウはどうしようもないヤツやった。でも山本が店長として行って、あいつは変わったんだよ」

そう、エトウくんをスーパーバイザーがほめてくれたことが、この上なく嬉しかったのです。自分がほめられることより、やはり仲間や部下がほめられたことが、すごく嬉しかった。

結果、私が5月度に赴任した春吉店はどうなったかというと、7月度のQSCAの評価が、30数店舗中最下位だった所から3カ月で1位になったんですよ。

売上自体は、そんなに変わらなかったです。

でも、店舗の軒下の電球も全部つけてバーンと明るくして。いまだに春吉店に行ったらお店が続いているので、20年経っても、きちんと雰囲気が明るいお店が引き継がれているんだと思います。

これは余談ですけれど、お笑い芸人の博多華丸《はかたはなまる》・大吉《だいきち》さんとかも食べに来てくださったりとか、あとはここだけの話、深夜帯に働いている時「おにいちゃん、よう働くなぁ。なんかあったら電話してこいよ」とそちらの業界の方に声をかけられたこともあります。

ホストの人からも「にいちゃん、今、給料いくら?」と聞かれて「手取りで16万です!」と言ったら、「にいちゃんやったら、月商100万はいけるよ」と言われてホストにスカウトされることもありました。

がんばっていると、いろんな人が寄ってくるんだなぁということも、この時の経験から学びましたね。

そこの店でですね、女性のお客さんが2人来られて、もう1人の友だちが吉野家が大好きなので、誕生日にサプライズをしたいんですと相談されたのです。

それは牛丼をオーダーした後に、バースデーケーキにローソクをつけて、その友だちに運んでほしいというものでした。

私は「分かりました!!」と返事をしました。

「ただ、ここはチェーン店なので、上司に確認します」とお客さんにお伝えし、後日連絡させていただくことにしました。

確認したら、当然エリアマネージャーには「ダメだ。1店舗でも、吉野家でそういうことをしてはダメだ」と言われたんです。

でも、私は自分の判断でやろうと決め、「これで怒られたら仕方ない」、そう思ってお客さんに「OKです」と電話をして、お客さんにバースデーケーキのサプライズをしたんです。

「並1丁」と言いながら「お待たせしました」とバースデーケーキを出して。

その時にお客さんにすごく喜ばれたというエピソードがありますね。

おそらくその時点ではお客さんにとっても相談しやすい雰囲気、明るい雰囲気の店に変わっていたのでしょうね。

牛丼がなくなった日

そこからある程度、春吉店で結果を出し、会社から評価もいただきました。

そこで、オープンして勢いのある、福岡の那《な》の川《かわ》店の二代目店長として赴任が決まりました。那の川店の初代店長は、会社の中でもベスト3に選ばれるくらい人望のある方で、その人が立ち上げた店舗です。

月商は最初に赴任したお店の1・7〜1・8倍の店舗だったので、1店舗目の店とは違い、みんな元気もあり、連携も取れていました。

だから逆に私は「うわぁ、やばいなぁ……やりにくい！」と思ったんですよね。もうお店自体が仕上がっている状態だったので……。

そこで、まずは観察をしようと決めました。

1カ月目、観察。2カ月目、観察。3カ月目、観察。それでもやるべきことがわからず困っていたんですよ。どうしよう、なんとなく仕事は回っているしと思いながら眺めていました。

その時に吉野家全店に本部からの打ち出しがあったのです。

『吉野家サービス品質』という取り組みをします、という発表でした。

当時、筑紫哲也さんのニュース番組にも、そのCM、『吉野家サービス品質』が流れるほどでした。

それはどういう取り組みかというと、東西でサービス部門の1番いい店を決めようじゃないか、という取り組みだったのです。

なので、優勝店舗にはディズニーランドにご招待があるかもしれない、みたいな触れ込みもあったんですよ。

私はそれを知り「よし、この取り組みを使おう。これを活かすしかない」

そう思って、店舗の休憩室に『みんなでディズニーランドに行こう』とだけ書いて、バーンと貼り出したんですよ。

那の川店のスタッフさんたちは「え、どういうこと?」となって、みんな「ディズニーランドに行くって、店長どういうことですか」と聞いてきました。

そのことを切り口にして、実は『吉野家サービス品質』というサービスの質を競う取り組みがあること。そして、まずはエリアの1位になって、次に営業部の1位になって、今度は西日本のお店との戦いになること。

その取り組みを半年かけてすることを共有していきました。

結果、那の川店は勝ち抜いて、勝ち抜いて、勝ち抜いて、西日本代表の最優秀店舗に選ばれたんです。

お客様からの言葉が励みに
山本 隆司店長

全国 1008 店舗に配布される当時の社内報でも取り上げられた

その当時在籍していた15名の名前は全部、全国１００８店舗にメール伝達で流れました。

残念ながらディズニーランドには行けなかったんですけれどね。でも、60万円の賞金が出たので、エリアマネージャーや他のスタッフたちで切り盛りして、みんなで旅行に行きました。

そして、ここで結果を出したものだから次の声が私にかかりました。

営業部の部長が言っていたのは「この半年で結果を出した人は、次の新店のオープンの店長を任せる」だったのです。私は「オープン店長も絶対に取ろう」と思っていたので、結果を出させていただきました。

そして山口県の宇部《うべ》市に赴任します。

2003年9月5日に山口県の宇部に行き、1カ月後の10月3日にオープンさせていただきました。郊外型の吉野家のオープンは久しぶりだったんですね。

それが失敗したら、もう郊外型の吉野家のオープンはやめようと言われていたのですが、結果からすると、オープンで予算の180%を達成し、なんとか無事成功したのです。

その5カ月後です。

BSE問題で、世の中から牛丼がなくなりました。日にちまでハッキリと覚えているんですけど、2004年2月11日に世の中から牛丼がなくなったんですよね。

私たち吉野家は本当に大泣きですよ。テレビでも「この日をもって牛丼がなくなります」と報道されていましたから。私は青春時代を吉野家に捧げてきていたので衝撃でした。

お店の売上が3分の1に落ちましたね。お店ではすごい早さで豚丼やキノコ丼などが開発され、何よりすごかったのは店舗を閉める、ということがなかったことです。

それでも、そんな時って迷いが生じるんですよね。また教師に戻ろうかとか3週間悩んでいましたから。

このまま吉野家でがんばるのか。意気は揚々としているので、1店舗目の時の私のようにエネルギーが有りあまっているんです。

いろんな人にも相談しながら。でもやはり出した結論は、

『やはり今の仕事でがんばっていこう』でした。

そう腹を決めた1週間後に上司からの電話が鳴るんです。

「山本、話がある」と。

「どうしたんですか?」「会って話しよう」と言われたのですが、私は「もう覚悟は決まっているんで、この電話で言ってください」と言いました。

「……大阪行きの話がある」

「喜んで行かせてください!」

1分以内のやりとりで私の大阪赴任が決まったのです。

大阪の店はどういう店舗だったかというと、新梅田食堂街という場所にあるマクドナルドも近くにあるにぎやかな店です。ＪＲ大阪駅を下りると、阪急電鉄に向かう信号があるのですが、その途中にあります。

ここは1日10万人の人が行き来するのですが、上には歩道橋があり、歩道橋を渡ってすぐ右側が阪急電鉄です。

新梅田食堂街は23時くらいになるとシャッターが閉じる所で、営業時間は18時間半くらいだったのですが……オープンしてあれよあれよという間に、1年で全国の吉野家ベスト10に入ったお店なのです。

そんなお店を任されている店長はどういう人かというと、そこの吉野家もフランチャイズで別の会社さんが請け負っていました。

要は吉野家のアルバイトの経験もない人が、短い研修を受けて運営していて、さらにいきなりベスト10に入る店になったこともあり、マネジメントできていない状況でした。

例えば、ある時に西日本事業部長が新梅田食堂街の吉野家にご飯を食べに行ったのですが、湯飲みを指先でつまむようにして持ってくる人がいたり、厨房を見たら、吉野家では禁止されているちょんまげの男の子がいたり。

その惨状を見て「この店はなんだっ！」と西日本事業部長が激怒されて、私はサービス品質向上で名前を覚えてもらっていたので「あのサービス品質で最優秀を獲った山本君は、今、どこにいるんだ」と、私に白羽の矢が立ったのです。

3月8日に電話をもらい、その20日後には大阪梅田に行きました。

その大阪でのエリアマネージャーが事前に聞いてはいたのですが、元プロボクサーの赤《あか》井《い》英和《ひでかず》さんと同じ高校のボクシング部で、2学年下の人だったそうです。

要は街中でその人を見かけたら、絶対に目をそらすような怖そうな人が私の大阪でのエリアマネージャーのオオハラさんだったんです。

ですが、オオハラさんは私が取り組みたいことを、最大限に取り組みたいようにさせてくれていました。

『責任は俺が取る』みたいなところが、オオハラさんにはあったかもしれないですね。だからオオハラさんから私の方針について1回も否定をされたことがないです。

ある時オオハラさんが、以前、九州から応援に来た大店長は野武士でものすごく太くて大きな刀でザックザク斬るようなタイプだけったど、私のことは西洋のナイトで、細い剣でサクサク斬り進むタイプだと評価してくれたのが、印象的でした。

オオハラさんは一見怖いオーラをまとっているけれども、冷静に分析して、私を頼ってくれていた、本当に人情味があるエリアマネージャーさんでした。

オオハラさんに事前に電話して「今度、新梅田食堂街でお世話になります山本です。赴任の前の日に、僕、サプライズで、誰にも知られていない状態でそのお店に行ってもいいですか？」とたずねると「おう、分かった」と返事がありました。

最後にオオハラさんは一言、いまだに覚えていますが、

「山本、絶対に怒るなよ」

と言われたんです。そこでよほどすごい状態の店なんだなというイメージを持って、いきなりお店に行きました。

実際、想像していた以上にひどい状況でした。私は吉野家愛が溢れていたので内心『明日からここで働くんだよな……えっ、どうしよう……』と思ったほどです。

その時に在籍していたスタッフさんは30名。月商は2000万円を超えていました。営業時間が24時間ではないのにそれだけの売り上げを出していました。

世間はＢＳＥ問題の最中で、豚丼でそれだけ売り上げを出していたのです。サラリーマンのお腹を満たす場所だから、常にお店が回転しているんですよね。

後は赴任した時に、大阪の言葉の壁、いわゆる関西弁に悩んで福岡に帰ろうかなと悩んだ時がありました。関西弁を別に非難しているわけじゃないんですけどね。

当時の私は、30歳くらいだったんですけど、18歳とか16歳のアルバイトの男の子から「あんねぇ」と声をかけられるのが違和感でして……。

言葉の壁に悩んで、福岡で私を大阪に推薦してくれたエリアマネージャーに福岡に帰らせてくれと言っていたこともありました。

でも、一つ感動したのは「おおきに」。

「おおきに」が、はじめて聞く用語だったので「あっ、大阪の吉野家は『おおきに』はアリなんだな」と思ったのを覚えています。

吉野家の店長をしていて私が「おおきに」と言っても、全然認めてもらえないまま終わったんですけどね。「店長それはイントネーションが違う、違う」ってダメ出しされながら。

さて、そこでまず何をしたかというと、やはり全員との面談でした。

体制は私ともう1人九州から一緒に来たメンバーがいたので、元々いたサブアシスタントの社員1人と私を含めての3人体制の状態です。

30名のアルバイトの中から、この子と思ったのが、やはり5名いました。

まずその5名と面談をしました。ここからは春吉店と同じですね。

今から改革をするから、間違いなく嵐が起きるよ、と言いました。

簡単に言うと「僕の言うことを聞けるか、聞けないか、どっち？」。

この2択で「聞けないなら、今すぐどうぞ」と言っていたら、どんどんスタッフが辞めていったのです。

当時は、吉野家の湯飲みが流行りだしていた時期で、高値で売れていました。そこで湯飲みや丼の数をチェックすると、明らかにおかしいんですよ。

これだけの量は、営業中に割れないだろうと思い、取り締まって管理をしていく中で、人が辞めていきました。彼らからすると「やり手な店長が来たぞ」ということで、辞めていくのですね。

時にはカウンター越しから、私が厨房に向かって「やる気がないなら帰れ！」と言ったら、そのまま帰っていった人もいました。

そんなこんなで4カ月で、14名のアルバイトが辞めていきました。

そこで、当時福岡にいた大店長から言われたんです。

「山本君、首切り王やもんね」

そこで私には『首切り王』という冠《かんむり》がつくようになったのです。

ただ店舗の場所が大阪の梅田でしたので、募集をかけるとすぐに人が来ましたね。ここは採用は強かったですね。

その14名の辞めていったメンバーの中で、1人だけ社員にさせてくださいという人が、戻ってきてくれました。

なので、私の働きぶりはアルバイトさんに認めてもらっていたのかなと思っています。

社員さんは辞めていなかったですけど、九州から連れて来た社員にも私は厳しかったですからね。冷蔵庫を足で蹴って閉めていたので、かなり厳しく怒っていましたから。

よくありがちですけど、やはり食材を扱う冷蔵庫なので「おまえ、そういうところをアルバイトさんは見ているぞ!」って怒っていました。

そういった小さなことから変えていこうっていう話をしていました。

はたから見ると軍隊のようなお店を作っていると思われていたみたいです。要は、僕の言うことについてくるメンバーしかいなかったので。

ただアルバイトの仲間というのは緩くつながりを持っているので、はじめに5名を選んだ時は、人間関係への配慮ができていなかったという反省もあります。

改革をするから、みんな辞めていくという話をしますからね。

でも、私を信じてついてきてくれた子は、私の言葉を信じてくれて残った子たちだと思います。やはり緩すぎる職場は、楽ではあっても、居心地が悪いのかもしれないですね。

適度な居心地の良さは必要ですが、ある程度を越えると、成長がなく自分が腐っていく気がします。

だから私の赴任した店は、適度どころか、とんでもなく居心地が悪かったかもしれませんね。ただ、山本店長が来るということは鳴り物入りで来ています。

社内報に載ったことがあるので『すごい店長が来るんだ』と、ある程度リスペクトしていただいていたように思います。

1店舗目、2店舗目、3店舗目と実績ができるにつれ、私自身も全く違うキャラクターになっていましたね。

「採用たい!!」

吉野家には坪単価売上というのがあって、総額の売上金額だと、東京の有楽町《ゆうらくちょう》店がナンバー1なんです。

そこは60席で売上が1位だったんですけど、新梅田食堂街店は31席。だから有楽町店の売上を31席に換算すると、新梅田食堂街店に私が赴任して半年後には勝っていたんですね。

結果を出すと、オオハラさんから電話がかかってきました。

「山本……おめでとう」と言われました。

「えっ、何がおめでとうですか？」「日本一おめでとう。坪単価の売上で1位を獲ったんだよ。10位内だった店が、はじめて坪単価で1位になったんだよ」

私も具体的な取り組みをいっぱいしたので、そこで1位を獲って、ばんざーいという気持ちでした。

そこで私は、大阪行きを推薦してくれた福岡の上司に電話をするんです。

今度は吉野家で日本一を獲ったんです。すると今度は上司から帰ってこいと言われるんですよ。福岡に帰ってこいって。

その時に私は、帰りたくない、と言いました。

もし福岡に帰るとしたら今の給料の倍をくださいと言いました。日本一の店長にもなったし、少し天狗《てんぐ》になっていたのかもしれません。

当時の私の給料は手取りで16万円でボーナスが2回でしたが、評価はいただいていたので、他の人よりは多めのボーナスはもらっていました。けれども、結婚も見据えて給料を多めにくださいとお願いしたのです。

九州の給料のまま関西で働いていたので。やはり月に支払う駐車場の代金から違いました。だから山口の宇部で持っていた車は手放しましたからね。

九州や山口にいた時は駐車場代が月に3000〜4000円だったんですけど、尼崎《あまがさき》で駐車場を借りようと思ったら月に2万円もかかると知りました。

なので、この給料では生活していけないなと思いました。幸い、関西では車を使わず電車で移動できる生活だったのですが。

それでも吉野家の本社と話し合いを重ねましたが、結局、うちの会社では面倒を見切れません、となって、吉野家を退職するという羽目になりました。

先方の思惑があったのかもしれませんが、実績を出しても給料が倍にはならない。

残念ながらここで、吉野家退職の道を選ぶことになるのです。

梅田の店舗への赴任期間が1年4カ月。今まで勤務した4店舗の中では一番長かったですね。勤務している中で、私は1年以上同じお店にいてはいけないと思っていました。

これは多くの店長さんが同じ店舗で長くお勤めになっているので申し上げにくいのですが……。

それは、育てきれていないというか、1年以上いるということは、私の中ではスタッフを育てきれていないダメな店長だという勝手な認識があったのです。

早く育てて、ここまで育てたので、上に行かせてください。

これが、私の仕事の流儀だった。

でもまさか、天職と思っていた吉野家を辞めることになるとは思いもしませんでした。

今思うと、吉野家を退職後、20社くらい就職活動しましたけど、その時の私は本当に傲慢だったなと思うんです。

少しでも自分を高く売ろうと思い、前の職業の給料を書いてくださいとか、希望の給料を書いてくださいという欄には、以前の給料16万円、希望の給料32万円と書いていたのですから。もう面接ではみんな、爆笑していたんですよね。

本当に、面接をした人は、ほぼほぼ全員笑っていました。

何を考えているんだみたいな感じです。バカ過ぎるというか、希望額は転職する時には前職の給料に対して、だいたい同額か低く書きます。

しかし、その倍の給料を書く人ってなかなかいないのです。

でも、僕は結果を出して来たという自負がありました。

そんな頃、いまだに忘れないんですけど、転職のコンサルを仕事にしているとある人に話を聞いてもらい、仕事を紹介してもらえる所に行ったことがあります。でも、そのコンサルの人の態度があまりに悪くて、途中で退席したなんていうこともありました。

再就職に向けて動く中で、2社だけ給料を以前の倍額まではいかないけど、そこそこ出してもいいよという会社が出てきました。

そのうちの1社は給食事業を展開している会社でした。大阪の吉野家はフランチャイズで給食事業もしていたので、給食事業での活躍を勧められました。

「山本さんの性格を見ていたら、今まで『お客様を待つ』という営業スタイルだったようですが、今度は『お客様を取りに行く』のはどうですか？」

そう面接官の人から言われたんですね。私にとってははじめて受ける提案で、自分の選択肢にはなかった『営業職』を勧められたのです。

主にルート営業だということでしたが、給料も上げていただき、採用していただいたという経緯があります。

この転職のタイミングで、今の奥さんと結婚をすることとなりました。

結婚式では、当時とても可愛がってもらっていた常務取締役の方に会社の代表でスピーチをお願いし、ご挨拶をいただきました。

転職をした会社は大阪市此花区《このはなく》でビルメンテナンスや産業廃棄物の取り扱いをする事業をしている会社だったのですが、そこでルート営業や新規で案件を取ってくる仕事を担当しました。

ですが、就職して3カ月くらいしてくると会社の風土が分かってくるものです。

その会社は60年以上続いている会社だったので〝長いものには巻かれろ〟というような雰囲気がありました。私はどちらかというと『会社を変えたがる性格』だったので、入社して3カ月くらいすると、だいたいその会社の体質が見えてきます。

現場の人たちは50～60名いたのですが、現場の人たちと本部のパイプ役になりたいなという気持ちになり、まずは全員の意見を聞こうと思いアンケート用紙を配ろうと考えました。

一緒に働く仲間の声を吸い上げて、その吸い上げた声を会議にも反映させようと思い、上司たちに「このようにしてはどうですか?」という提案をしていきました。

ですが、少し改革が早すぎたようで、古参の社員の人たちから疎《うと》ましく思われていたのだろうなと、当時を思い出します。

それでも1年もすると、会社の中心的な事業を任されるようになりました。

そこであることを思い始めます。

「なんか日本って疲れたね」というような思いです。

うちの奥さんも高校の時にはホームステイをシアトルでしていて、海外志向が強くなっていました。

私が担当していた仕事に関しても、ある程度慣れていました。

週休2日で、朝の8時半から夕方の5時半という決められた時間を過ごす。こんな私にもそんな時期があったのかと思いますね。時間はたっぷりあって、家族で暮らしていくなら十分な条件だった。

ですが、なんか退屈になってくるんですよ。

その時、私は32歳です。そこでまた迷いが生じる。いや迷いではなかったですね！

この会社を辞めて海外に行こう。

そこで何をし始めたかというと、仕事をしながら日本語教師の資格を取ろうと通信教育で教材を取り寄せて、勉強し始めたのです。

ここで、そうだ、元々私は教師をしていたんだ、につながるんですけどね。

その頃、日本のプロ野球界では、広島東洋カープにブラウン監督が就任していました。その広島東洋カープに喜田剛《きだごう》選手がシーズン途中で阪神タイガースから移籍したのです。

喜田剛選手は今、スポーツ用品メーカーのアンダーアーマーで第2のステージで成功していますけど、元々喜田剛選手は、僕が教師している時の教え子だったんです。

移籍することがニュースになった時、広島東洋カープの大ファンの先輩の顔が頭に浮かんだんです。そこでその先輩に私から、Eメールを送ったのです。

「喜田剛が広島カープに移籍しましたね」と。

「ああ、そうなんよ!!」と先輩から返事がありました。

そのやりとりの中で「今、山本君は何をしてるの?」と先輩が聞いてくれたのです。

「今はルート営業の仕事をしていますけど。日本じゃなくて海外に行きたいな、と夫婦で話していて。外国語の勉強をし始めたところなんです」とお伝えしました。

この時に連絡した先輩の勤め先が……。

『日本一たい焼』の本部である株式会社二鶴堂《にかくどう》でした。

そして、僕がメールを送った数日前に、『日本一たい焼』の社長が「海外進出をしますっ！」と号令をかけたタイミングだったそうです。

海外で働きたい私と、海外進出するという『日本一たい焼』が結びつき、先輩がすぐさま次の日に、私のような青年がいることを社長に紹介してくれました。

そこですぐ「採用たい!!」となったそうです。

その先輩がいきなり僕にまたメールしてきました。僕がメールをした次の日に「採用が決まったよ」と。

その時私はまだ、ルート営業の前職の仕事を辞めていないですし、そもそも面接すら受けていません。『日本一たい焼』に行くとも言っていないんですよ。海外で働きたいとしか言っていない。

なので「待ってください！　僕は、海外で働きたいとは言いましたけど、たい焼きで海外で働くというのもわけが分からないですし。まずは会社に行かせてください。日本一たい焼のたい焼きを食べさせてください」と言いました。

それが2007年6月15日。

その1カ月後に『日本一たい焼』のたい焼きを食べたことで、私の人生に大きな転機がまた訪れるのです。

Duet!

EXPRESS NEWS

No.161

Contents

西日本事業部サービス品質最優秀店

中国九州営業部 FC那の川店の皆さんに聞く！—1

安全衛生委員会—4

改善提案委員会—5

食品衛生's EYE

YDC経営塾

平成15年度年末調整について—7

customer's voice—8

西日本事業部　サービス品質最優秀店

中国九州営業部 FC那の川店の皆さんに聞く！

西日本事業部のサービス品質最優秀店に輝いたFC那の川店の皆さんと、営業部長に、最優秀店舗に選ばれた感想を伺いました。また、3月から取り組んできたサービス品質の活動の締めくくりとして、東日本・西日本の両事業部長にお話しいただきました。

優秀賞受賞時のコメント（西日本事業部店長集会にて）。はつらつとした表情でした！

みんなが一つになって達成できたことが大きな自信につながりました

FC190号線宇部店　山本　隆司店長（元・那の川店店長）

営業部代表に選ばれたとき皆で握手をし、涙目になるほど嬉しかったのですが、絶対に西日本最優秀になってやると思いました。ここまできたらとことんやろうという気になり、その意気込みがキャストにも伝わりました。

ただ全国レベルとして見ると、まだまだ足りないと思う部分もあったんです。エリアマネジャーに言われた、提供スピードの遅さです。全体の雰囲気はいいけど、返事をできないタイミングで私が指示していたりして、連携ができていなかった。その結果、お客様に満足を与えられていませんでした。作業指示をもっとシンプルにし、提供スピードを早くする訓練を集中的に実施しました。

その成果があって、西日本最優秀に選ばれた時は本当に嬉しかったですね。みんなが一つになって、目標を達成することができたんですから。自分一人では決してできないことです。自分の中でも直営店にはかなわないのでは、という意識があったのですが、FCでも通用するんだと大きな自信になりました。

那の川店のキャストたちは、もともと意識が高かったのでやりやすかったですね。気をつけたことは、個々のキャストの目標を明確にすること。そのためにはなるべく話をする時間を作るようにしています。出勤時には「今日はこういうことをしましょう」、終わった後には「どうだった」と聞き、自分からも感想を伝えています。他の店長の中では、コミュニケーションに困っている人もいるようですが、コツはキャストさんが出勤したとき、一発目の「おはよう―」を元気に言うことだと思います。また、先輩から受けたアドバイスでもありますが、「何でも話せる人を一人見つける」ことですね。私は、キャストさんに対して「店長でなくても良いから何でも話せる人を店舗の中で見つけてください」と言っています。

また、指導の際には、なるべく褒めるようにしています。できていない部分に関しては本当に細かく教えて、できている部分を褒めてあげて自信を持たせる。褒められるようなことを続けてやっていれば、いつかはお客様の声として返ってきます。

10月から那の川店より宇部店に異動しました。オープンしたばかりの店舗なので、きちんと運営できる状態まで早く持っていきたいです。そしていずれはエリアのキー店にしたいです。

西日本事業部（当時498店舗）サービス品質最優秀店に選出された時の社内報「Duet」にて

第5章　勝つ人生より、負けない人生

ひたすら焼いて、ひたすら泣いた

先輩から『日本一たい焼』の社長の「採用たい!!」の連絡があったと知らされた翌月、実際に『日本一たい焼』の元祖、1号店の佐賀城原店《さがじょうばるてん》で、たい焼きを食べることになります。今はもう30年の歴史があるお店です。

『日本一たい焼』の本部は株式会社二鶴堂という会社で、あんこの卸しをしていた会社です。その会社があんこを卸していたたい焼き屋さんが、野間《のま》の交差点にありました。

そのたい焼き屋さんの近くに、私の通っていた沖学園高校がありました。

なので高校の時から、二鶴堂のたい焼きは美味しいよ、という口コミはありました。とはいえ高校生の私がたい焼きを食べに行くことはなかったので、美味しいという噂を聞いていた程度でした。

だから今回、はじめて『日本一たい焼』のたい焼きを食べたのですが、美味しかったですね。とてつもなく美味しかった。

私は『日本一たい焼』とつないでくれた先輩と一緒に、何店舗かを車に乗って回らせていただきました。

最後に二鶴堂の本部に行かせていただくと、そこで本部の橋本由紀子《はしもとゆきこ》社長と初対面したのです。はじめて会う私に、橋本由紀子社長は『日本一たい焼』の創業からの売上をバーンと見せてくださいました。

右肩上がりだったんですよね。実際に目にすると、この数字をたい焼き屋さんが出しているのかと、はっきり言って予想以上の数字でした。

ただ、それ以上に、たい焼きの最初の一口の感動がまだありました。だから、この売上の数字にも頷《うなず》けたのです。

その後に、橋本由紀子社長からのメッセージがありました。

「お話は聞いています。山本さんのご活躍のお話を聞いていまして、営業マンをしながら海外で働くことを目指していると聞きました。日本一たい焼も海外を目指しています。その夢はあきらめなくていいので、うちに来ませんか」

というお声をかけていただきました。

なので、兵庫の自宅を出る時には、「転職しないから大丈夫だよ」みたいなトーンだったのですが、自宅に帰って開口一番、奥さんに言ったのです。

「たい焼きに行くわ」と。

はじめは奥さんも「えー!!」みたいな反応でしたよ。奥さんからしても、たい焼きと海外は結びつかなかったのでしょうね。

その奥さんの反応をそのまま、本部の橋本社長にお伝えすると……、

「じゃあ今度は奥さんを連れておいで」ということになりました。

やはり女性の社長ですので、奥さんの気持ちもすごく分かっていただいたのだなと思います。うちの奥さんを工場見学等に招いてもらって、そこで奥さんも安心して『日本一たい焼』に転職して「いいよ」となりました。

ただ、『日本一たい焼』に入る前に働いていた会社でも、ありがたいことに期待をされていましたし、頼りにされていましたから、退職するまでに半年くらいはかかりました。

7月に兵庫に帰ってから転職を決意して、前職の会社と話し合いを重ねて、上司の取締役とも話し合いを重ねました。

5カ月かかって、最後は上司に「山もっちゃんは、うちの会社にはもったいないもんな……」と言っていただいたのです。

前職の会社で私はものすごく可愛がってもらっていたのですが、退職をさせていただくことになったのです。

いよいよ『日本一たい焼』で働くことが決まりました。

2007年12月13日に前の会社を退職して、人生を賭けて飛び込む。これがまた新たなスタートとなります。

今まではゴリゴリのいわゆる男性の働き方の世界を生きてきましたので、女性の社長、つまり女性の上司の下で働くのは今回が初の経験でした。

私自身も父の影響で熱血の九州男児です。

しかし、橋本由紀子社長は竹を割ったような性格の社長でした。だから話をしていると、それまで出会ってきた男性の上司を上回るくらいバシッと言い切ります。

その反面、母親のように子どもを守る場面もあったので、私には合っていたのだと思います。

橋本社長は、バリバリの社長さんでした。本当に３６５日働かれるような社長さんです。製あん工場で出来上がったあんこは必ず食べる。そしてダメだったらダメと言う。良かったら良いよと言う。仕事が本当に大好きな社長さんです。

研修期間が始まりました。

はじめは私の奥さんが関西の出身だったので、こちらで働かせてくださいとお願いしました。関西では当時、大阪富田林《とんだばやし》店のみ、他のオーナーさんが運営されていました。

そして2号店がたまたま関西国際空港の近くにオープンすることになり、りんくう田尻《たじり》店で研修のお世話になりなさい、と言っていただき働かせてもらいました。

『焼き』の研修を一緒に受けられるかなと思っていたら、やはり現地のキャストさんを育てないといけないので、実は３週間、研修はお預けをくらいました。

なのでアルバイトの子たちとスタートラインは一緒だったのですが、僕だけたい焼きを焼けない状態が続いていました。

スタートラインが一緒だった人が、ガンガンたい焼きを焼けるようになっていましたからね。焼きたい、焼きたい……という気持ちが積み重なったまま、年が明けて1号店である福岡県の元祖佐賀城原店に行かせてもらいました。

福岡で1週間、単身赴任をして研修をさせてもらったのです。

そこでお世話になったのが元祖佐賀城原店の女性の店長でした。

ここで1回目の私の泣きが入るんです。

『焼き』の工程は簡単そうに見えていたんです。簡単に焼けると思っていたんです。ですが、自分の手なんですけど、全然いうことをきかなくて動いてくれないのです。

『焼き』の方法は教えてもらっているんですが、全然うまくいかない。5分以内に1周を焼くのですが、最初に焼いた1周目は16分くらいかかったことを覚えています。

それくらいガチガチで、こんなはずじゃないと思いながら焼いていました。

それこそ、アンベラであんを切るのも、生地を垂らすのも、全部がうまくいかないんです。チャッキリで生地を落とす時もドボッと出すぎてしまったり、全然うまくいかなかった。

その時は一般社員の研修生という形でしたが、私の他に研修生はいなかったので、周りはベテランの人たちばかりです。

お店にはベテランの社員さん、研修生である私、あとはパートさん。パートさんと言っても、たい焼きを焼いて10年選手の猛者《もさ》がいっぱいいました。

他のアルバイトの方も本当に隙がなく、焼くことはもちろん、現場での各ポジションへの移動もサササッと動かれていました。

その中でやはり一番輝いていたのが、その時の元祖佐賀城原店の20代後半の女性の店長さんでした。

彼女の焼くたい焼きは芸術。アートのようでした。

特に上生地のかけ方が美しかった。チャッキリという生地を垂らす道具があるのですが、1回持ち上げて、シャッシャッと生地がつながる動きをするのです。

それが見事でしたね。手首でサッサッと動かすのですが、いまだにその時の店長のようにはなれないですね。

その店長さんの前で、私は悔しくて泣いたんですよ。

たい焼きが焼けなくて。クソーッと思って。情けなくて。

店長さんも反応しづらいですよね。何を泣いているんだこの人は、みたいな。年上ですからね。でも、人生かけて飛び込んだけど、たい焼きが焼けなくて、悔しくて、私は泣いてしまったんですよ。

そこで店舗の横に泊まれる所があったので、練習用のあんこを持って行かせてもらい、夜な夜な時間をかけて1人で台所に向かって練習しました。いまだにそのシーンは覚えていますね。

そこからはどっぷり1日中たい焼きでしたね。

朝起きて、仕込みから始まって、ひたすらたい焼きを焼く。

もちろんお店の営業も普通にあったので、営業中も「じゃあ山本さん、こっちで『焼き』の練習しましょうか」と呼ばれて。横にはストップウォッチを持った店長がいました。

研修の最後は、佐賀工場というお土産菓子を作る工場があるのですが、そこの100人の従業員さんの前で100匹のたい焼きを焼いて、単純においしいか、まずいかを判定してもらいました。

50%の従業員さんが美味しいと判定してくれれば合格という試験だったのですが、おかげさまでなんとか50%を超えて合格をいただくことができました。

たい焼きは皮であんこを包んで焼くという、すごくシンプルな和菓子です。あんこが美味しかったらそれでいいと感じますよね。

それが、やはり焼き方で味が違うんです。

狭き門、『たい焼検定』

たい焼きが焼けないと言って、店長の前で泣いていた私もようやく研修期間を経てたい焼きを焼けるようになりました。

ちなみに『日本一たい焼』の店長は全員たい焼きを焼くことができます。たい焼きを焼けないと店長のポジションには行けない職人の世界なのです。

だから1釜焼いただけで周りを黙らせることができます。

本部から「山本くん、オーナーさんを支えるために店長として店に入ってくれ」と指示が来ました。

フランチャイズオーナーさんの下で、本部の店長が働くという形を取らせてもらうことになったのです。

福岡での研修を経て、2カ月間愛媛で手伝い、そしてもう閉業しましたが神戸北176店が、私の『日本一たい焼』の店長デビューとなりました。

洗いざらい全部言いますが、そこのフランチャイズオーナーさんから「山本店長の色を出してください」と言われたので、よっしゃと思い、それまでの吉野家の経験も含めてガンガン教育しようとしたんです。

ですが、そうした中で、フランチャイズオーナーさんと摩擦が起きてくるんですね。

フランチャイズオーナーさんはそれまで全く畑違いの仕事をされていたので、飲食業界の経験のない人でした。私はバリバリの飲食業界・吉野家での経験があったのです。

その経験も引っさげて、人生を賭けて飛び込む。もちろん相手のフランチャイズオーナーさんも、人生を賭けているんですが、バーンっと自分の色を出すことが合わないなということに気づきました。

例えば、問題の起きた一例を挙げると、Aというパートさんが『子どものクリスマスプレゼントをセール中にお店のオープンと同時に買いたいから遅刻します』と、Bという別のパートさんを経由して、オーナーさんに伝えたことがありました。

当時の僕は、そういった理由での遅刻は許せなかったんです。しかも店長の僕に直接言わずに、オーナーさんからの報告ですからね。

でも、オーナーさんはそういったことを許していたのです。

なので「自分の色を出してくださいね」から始まった店長デビューだったのですが、5

カ月くらいで、何も色が出せていないことに気づいたんです。

店長の私を守るのではなく、パートさんたちを守っているオーナーさん。

今の私の立場で考えたら分かるのです。私はいなくなる立場ですから。オーナーさんとしては店長よりパートさんを大事にする意味は、後になって分かったことでした。

私とオーナーさんの関係が良くない状態が続くと、お店に行く時に、身体が震えるようになりました。胃が痛くなるとか、またあの店に行かないといけないのかとか考えるようになると、仕事がおもしろくなくなったんです。

さらに、フランチャイズオーナーさんの弟さんが先に福岡でも成功されていて、その店の雇われ店長がインターネットカメラを通して私が任されていた店も見られるようになっていました。

そこで他店の店長さんが私に対して指導をしてくるようになったんですね。その環境がものすごく自分の中で窮屈に感じていました。

ある時、神戸北１７６店がオープンして４カ月後くらいの８月でした。直営の愛媛《えひめ》松前《まさき》店で、１日でたい焼きを世界一売り上げた数でギネスに挑戦しようという企画が出たのです。働くスタッフ全員で鉢巻きを巻いて「ガイアの夜明け」の制作会社も呼んで撮影をしました。

この企画を通じて『日本一たい焼』の「ガイアの夜明け」デビューを目指そうみたいなことをみんなで言っていました（後日、ギネス認定の対象とはなりませんでした）。

その時、愛媛松前店に僕は呼ばれていなかったのですが、自分から本部に電話をして「こういう企画あるんですね。行きますわ」と言って、シフトの調整をしました。

神戸北のオーナーさんにも「ごめんなさい。ちょっと呼ばれたので行ってきますね」と断って、愛媛に行くことにしました。

その時の私は神戸北の店舗で働いていると、おかしくなりそうだったのです。実際に震えたりしていたので。

朝5時くらいに私は兵庫を出発し、愛媛に向かいました。そこで実際にギネス記録が出たんです。5267匹の売り上げを達成して、みんなでやったー！　達成したーっ！　と盛り上がっていました。

その時に、今はご勇退されましたが私の当時の師匠である橋本スーパーバイザーと中島トレーナーと私の3人で話をして帰りました。

私が帰った後に中島トレーナーが橋本スーパーバイザーに「なんか山本くんの様子、おかしかったよね」と言っていたそうです。

橋本スーパーバイザーは「そうか？」みたいな反応だったそうですが「いや、なんかおかしい」と中島トレーナーは気づいていたようです。

中島トレーナーは2カ月間の愛媛の立ち上げの時も私を見てくれていたので、私の様子がおかしいことに気づいてくれていたようです。

そこで橋本スーパーバイザーが、本部の橋本由紀子社長に連絡をして「山本くんの様子がおかしいようです」と言ってくださいました。

後日、本部の橋本社長から私に電話がありました。

「山本くんの様子がおかしいという話になっとうよと。なんかあったの？」

そう言われた時に、私は目元が熱くなりました。

「実は、出勤するのも胃が痛くなったり、身体が震えたりします」

そしたらバサッと橋本由紀子社長が言ってくれたのです。

「あんたの夢はアメリカやけん」って。

何もそこで縮こまらなくてもいいと言ってくださり、そこからが早かったですね。

「来月から、あんたは本部アドバイザーになりなさい。そこから離れなさい」と言われて、今度は以前、研修生としてお世話になったオーナーさんのお店のエリアでお世話になることが決まりました。

それこそオーナーさんが4号店を立ち上げるタイミングなので、手伝いに行きなさいと言われたのです。そこで、3カ月間の胃が痛くなる苦しさから解放されたことがありました。研修生、店長が終わって、本部アドバイザーという役職をもらう形になるのです。

本部アドバイザーとして働くようになると、そこからまた、私は水を得た魚のようにピチピチと復活をしました。

そこでスタッフさんからも『山本アドバイザー』と、ヒーローみたいに扱っていただいて、私が駐車場に来ただけで、みんながワーッと元気になるのを感じていました。

なぜこんなことが起きるのか私も聞きたいくらいでした。私が店舗に行くと、一歩入っただけでもお店の雰囲気が明るくなる。

みんながとにかく元気に声を出したり、場の空気がパーンと明るくなったり。そういう雰囲気の変化について周りからも聞きました。

もう14年前のことで、当時一緒に働いた方がまだ何人かおられるのですが、最近会うことは減ったものの、私が独立して数年間はお野菜をいただいたりして可愛がってもらっていましたからね。特にナカモリさんという男性の方には、すごく可愛がってもらいました。

その奈良のお店が、以前に愛媛で達成した売上記録を、約3週間後に抜くことになるのです。なんと1日の売上が、『日本一たい焼』としては初の6090匹です。

私はこの時、ガンガン焼く側に回りました。師匠や他のメンバーと一緒に焼きました。その時は『たい焼検定1級』のメンバーが他の店からも7～8名集まって焼いたのです。

この時の焼き損じ数は、いまだに伝説ですが、6090匹に対して15匹でした。おそらくこの記録は抜かれていないはずです。

ちなみに、私がオーナーを務める12号店の広島三原瀬戸内海岸通り店オープン時の、焼き損じが1日２００匹ですから、この焼き損じの少なさが伝わるかと思います。

これだけ桁が違うのは『たい焼検定1級者』が、どれだけすごいかの証明でもあります。

本来は釜に生地が垂れて、バリというものがつくのですけど、たい焼検定1級者が焼くと、そのバリがほとんど釜の下に落ちていないんです。本当にここでたい焼きを焼いたの？というくらい、本当にきれいなんです。

でも新人さんが焼くと、生地がポトポト落ちるので、釜の下が汚れるのです。

ちなみにたい焼検定1級のたい焼師さんは全国でも10名いないです。

1級たい焼師になるには、やはり試験があります。試験は毎年あり、条件としては、焼き手が全員受けることができます。

ただ、例えば焼き手になって1週間の人はまだ受けられないなど、各社によっての違いはあると思います。

1級たい焼師の試験を受けたいとなった時は、フランチャイズのオーナーさんにもよりますが、私がオーナーをしている店舗の場合、毎年12月に試験ですね。ありがたいことに人が増えてきたので、今、2月にも試験をしようかと言っている状況です。だいたいオーナーによって毎年何月に試験をすると決めています。

試験はペーパー試験はありませんが、試験官がいて『焼き』の中身とスピードの二つを評価します。

中身とは、基本の下生地の量や生地を垂らす軌道、あとはあんこの量や形。ここを一番重要視しています。特にたい焼きの形。中のあんこが一本の棒状になってはいけないのです。きちんと魚の形になっているかどうかを見ます。

もっと細かいことをいうと、頭と尻尾のあんこがつながっているか。

もし頭のあんこと尻尾のあんこがつながっていなかったら、私たちのたい焼き業界でいう『バイパス』ができて、ここに生地が入ってしまうのです。

なので食べ進めていくと、あんこたっぷりと言いながら、あれっ⁉ 生地が途中で出てきた！ となるのです。今度チェックしながらぜひ『日本一たい焼』のたい焼きを食べてみてくださいね。

その他にも、上生地が多すぎるとダメなので、あんこが20％は見えていないといけないなどの細かい基準が中身の審査であります。

次に、スピードの審査です。

それは1周、2周とたい焼きを焼いた平均タイムを測ります。平均タイムが5分～5分29秒だと1級となります。

1周で焼く釜数は8釜。たい焼きの数でいうと16匹です。それをヨーイドンで釜を開けて、最後まで焼き切る。

ここで5分〜5分29秒だったら1級、5分30秒〜5分59秒だと2級という基準があります。

そして中身でも1級〜6級の審査があり、例えば中身が4級で、スピードが1級だった場合は低い方の4級で認定されることになります。

そして3級以上だけ賞状がもらえるのです。

ちなみに私のグループでは本部や他のFCにはない、1級より上の『段』を設けようとしています。私が空手を習っていたということもあるのですが。

評価的には1級の基準ですが、防衛できたら昇段です。例えば去年1級でした、今年も1級でした、となると防衛できたので初段にしようという取り組みです。

要は、がんばればがんばるほど評価をしたいのです。

初段になったら時給がプラス110円とか、2段だったらというように、評価をしています。

ちなみに、1級たい焼き師の合格率は、私のグループに約80人のキャストさんがいて、焼き手さんはもう少しだけ少ないですけど、その中で3人しかいません。

焼き手さん全員が試験を受けるわけではないのですが、それでも倍率は10倍くらいですかね。

1級たい焼師は、実は狭き門なのです。

そして、私は1級たい焼師の資格を持っています。日本一たい焼に勤めて1年で1級を取りました。でもそれはすごく稀《まれ》で、師匠から「山本くん、試験をするよ」と、時間を見つけては言っていただいたおかげで、3カ月で3級、半年で2級、そして1年で1級です。

1年間で1級たい焼師の資格を取るというのは、実はすごい集中力が必要なんです。

生地を垂らすチャッキリを操作する時、手首とか無駄なところに力が入っているので、指がとにかく痛かった。指が炎症を起こして曲がったまま戻らなくなるバネ指になったりもしましたからね。お風呂に入った時には、しっかり指をほぐしてあげました。

後は、本当に、毎日たい焼きのことだけ考えていました。

1日中、ずっとです。信号待ちの時にも生地かけ練習の手の動きをしたりとか、極端な話、トイレの時も生地かけの手の動きを練習したりとか。

後は12時からの出勤の時は、15分前に出勤して厨房に入り、空のチャッキリで練習していました。他にも新聞紙に鉛筆で生地の軌道を書いてみたり。

もう本当に人生を賭けて、たい焼きにハマったと思います。

まさか私も自分の人生で、たい焼きで悩むことがあるとは思いもしなかったですね。

1年で1級、本部アドバイザーになって、今度は「山本くんたい焼検定の試験官になり」と言われ、師匠について、今度は試験をする側に回るんですね。

要は、入社して1年やそこらの男が、かつて入社前にアルバイトで土日だけ飛び込んだ大阪富田林店の検定試験に行くのです。

アルバイトで入っていた当時、私が研修してもらっていた時は、オープンから2～3年働いているバリバリのキャストさんがいました。

その人たちを試験しに行くのですが、分かりますか？　このプレッシャー。私に試験官ができるかなと思っていました。

い、い、い、あの山本さんが試験官をするよ、みたいな空気の中、みんな厨房に私を見に来るのです。仕事ができない時の私をみんな当然見ているので、試験官になった私がどんなものだろうと思って見に来るのです。

「ではまず、山本さん焼いてみてください」と、この空気の中でたい焼きを焼くのです。

完全にアウェーです。

でも、ここがやはり腕の見せどころだなと実感したのは、1釜目を焼いた時でした。

1釜目の焼き上がりを見ただけで、その場のキャストさんの空気が変わりました。ほぉ～という感心のため息のような空気を感じた時、よし来た！　と思いました。

その時から尊敬ではないですけど、『日本一たい焼』でも一目置かれるようになった気がします。

そこから私の流れが良くなったのを感じました。元々オーナーさんの教育がすごく良かったので、本部からの社員さんだよと紹介されるようになったのです。

いまだにみんなに言っているのは、腕さえあれば、黙らせることができる。敬われるというよりも、この世界では一目置かれないといけない。

ちなみにですけど、本部の橋本由紀子社長も自分でたい焼きをお焼きになります。人材にかける愛情、経営手腕がすごいと尊敬する方です。時々現場にも立たれますし、ギネスに挑戦した時も、わざわざ福岡から愛媛に来て「私も焼くよ」と釜の前に立たれましたから。

率先垂範、自分が先頭に立って会社を引っ張っていくところがあります。

私はというと、たい焼きが焼けないと泣いていたのに、1年で1級を取り、そして奈良のお店でギネス記録を塗り替えるくらいたい焼きを焼くことに貢献できている。どうやら私は、ダメな時はダメなのですが、いい方向に転がれば、コロッといい方向に行くようですね。

さらに言えば、その場に馴染んでしまおうとしない。自分の道をひたすら進む。我が道を行く性格なのです。

信念がブレないことで、人との関係でいっぱい悩むことはあるんです。そして組織に向いていないと答えていたことがありましたが、実は組織自体は結構好きなんです。

要するに仲間であったりとか、自分の役割があることであったりとか、明確に何をするかが見えたりとか……。

それは野球部の時もそうですし、吉野家のアルバイトリーダーの時もそうですし、『日本一たい焼』で働く時もそうです。

それはやはり、人と人がちゃんとつながっていて、何かをみんなで成し遂げるような組織が好きなんでしょうね。

上から、ただただ命令をされて、それを「はい、はい」と聞いて動くことは好きではないんですよ。

私は奈良での愛媛のギネスに挑戦した売上記録を上回る売上の実績から、スーパーバイザーとして次のステップを上がらせてもらいました。

関西地方のオーナーさんが1年で3店舗をオープンする運びとなったのですが、『日本一たい焼』もちょうど、２００９年からたい焼き第2次ブームに乗る形になるのです。昇格をした時だったのでタイミングがすごくいいですよね。

他の九州のオーナーさんも、新店舗を出してみたり、宮崎でもオープンしたり。私も各地に行っていました。

出店ラッシュが始まり、私が入社した時は19店舗だった『日本一たい焼』も、その頃には30店舗を超えていたと思います。

おそらく相当の数のたい焼きを焼かせてもらいました。飛行機のパイロットではないですけど、数万キロ飛んだくらいの経験を積めたのではないですかね。

やはりその時、たい焼きを１００万匹も焼いた経験は、私の中で財産となっています。

たぶん現存するたい焼き業界の中で、一番お店を回っているし、一番たい焼きを焼かせてもらったと自負しています。

スーパーバイザーとして各地を回っている時は楽しかったですね。行く所、行く所で、「わぁ！　山本スーパーバイザー！」と言ってもらえますから。

ここが私のステージなのだと思えて、とにかく楽しかったです。

独立の気持ちの芽生え

会社の売上もたい焼きブームがあって右肩上がりで、私もスーパーバイザーという立場で、どんどん仕事を任されました。

『日本一たい焼』も店舗数が増え、私は東海、関西地区のスーパーバイザーだったので仕事の量も多くなってきました。

同時に、サラリーマンは決められた給料の中で仕事をしていくので、だんだんと何のためにここで働いているのかな、という気持ちも芽生えていました。ちょうどその頃は、たい焼きブームも終わりかけの頃でした。

2009年がたい焼き第2次ブームでした。白いたい焼きもこの頃に流行りましたけれど、2011年の頃にはブームも終わりかけでした。やはりブームが去るのは早いですよね。『日本一たい焼』はブームに乗った会社ではないのですが、やはり売上も下がり閉店する店も出てきていました。

その時に改めて、何のためにこの会社に入ったのだろうと考えました。

元々は海外で働くために入社したのですが、その気持ちは、できたらいいなぁくらいになっていました。本部としては、その頃は海外進出の話も出なくなっていた気がします。

そこで私の中でも迷いというか、吉野家で働いていた頃、BSE問題が発生し牛丼がなくなった時のような、「この先、どうなるんだろう」と、不安な状態の自分になっていました。

ある程度、仕事に余裕が出てきていたのでしょうね。仕事も落ち着いてきて、給料もある程度いただいて。でも、何かこのままでいいんだろうかみたいな迷いが生じている。

その時に、あるフランチャイズオーナー様が、新店舗をオープンされました。

そのお店に応援に行くと、下火になってきたなぁと私の中で思っていたたい焼きの売上が、1日でドーンと5000匹以上も売れていたのです。

その前にオープンした店では思っていたより売上が伸びなかったので、私の中でも「たい焼きは終わりかけたのかな……」と思っていたタイミングでした。

でもそのお店に行き、5000匹のたい焼きの売上げを見た時、まだまだ行けるなという思い、たい焼きはまだまだここからやな！　という思いが芽生えたんです。

そのお店のオープンが2011年1月のことでした。

しかし、その2カ月後の3月11日。東日本大震災が起きたのです。

みなさんご存じの通り、震災で世間はすごい状態になりました。

私も何かできないかと思い、当時、部下だった加藤社長と2人で本部の社長に電話をして、私たちも被災地のために何かできませんか、たい焼きを被災地に持って行きたい、被災地でたい焼きを焼かせてくださいとお願いしたのです。

本部の社長も被災地と連絡をとってくださいました。被災地からは、とてもありがたいけれど、受け入れる体制ができていない、との返答でした。なので残念ながら支援には行けなかったのです。

その時に私に芽生えたのが、何か自分がしたい、行動したいと思った時に、自分が力をつけていないといけないということです。

それは何かといえば、経済力です。

経済力をつけないといけない。その年のオープン店の爆発的な売上と東日本大震災で支援ができなかった衝撃が、自分に対して独立という気持ちを芽生えさせたのです。

かつて20歳の時に福岡で家族で夜逃げをした男が、絶対社長にはならないと思っていた男が、独立という気持ちを芽生えさせ、一歩目を踏み出す覚悟を決めたのです。

本部の社長もすごく魅力的ですし、何より社員として可愛がられ、期待もされ、信頼もされ、成果もきちんと上げている。何一つ独立をする必要はないように思っていました。

しかし、同世代でバリバリと突き進むフランチャイズオーナー様の存在、気持ち良さそうに働いている姿には、やはり刺激を受けていました。

この人に負けたくないという気持ちではなくて、同世代ですごいなぁという尊敬の思いでした。

片や私は、どれだけがんばっても30～40万円弱の給料です。

やはり何かをしようと思ったら、自分で力をつけないといけない。

それが独立を決めた一番のきっかけでした。

後日、4月に直営店がお店を出す時に「山本くん、オーナーさんを迎えに行ってくれんかいな」と声がかかりました。

本部からは「その辺の庭先まで行ってきて」くらいの調子だったのですが、静岡まで車を走らせたので、往復1000kmの道のりでした。

その時に、私は思ったのです。送り迎えに往復1000kmということは、ここが独立のチャンスだと思ったのです。

つまり、オーナーさんは10店舗を展開している方だったので、そのオーナーさんを朝7時に奈良に迎えに行った道中は、ずっとオーナーさんと時間を一緒に過ごせるということです。

この日に、絶対に独立の相談をしようと決めました。

用事がある程度終わり、帰りがけのパーキングエリアでご飯を食べながら、私は声をかけました。

「実は今、僕、スーパーバイザーをしながら、求人情報を見ていました。休みの日にアルバイトしながらお金を貯めているんです。独立したいという心が芽生えているんです」

そう話すと、フランチャイズオーナー様からすかさず言葉が返ってきました。

「何をやっているんですか、山本さん！」

「そんなことしていたら、おじいちゃんになりますよ！」と言われたのです。

そこから、お金の作り方を教えていただきました。こうすればお金ができますよということをはじめて教わりました。例えば、銀行に行ったり、地域の創業支援制度を使ったりと、お金の作り方を教えていただいたのです。

後は、お金があれば独立できる会社ではないので、独立に向けての段取り、虎の巻も教わりました。

その結果、思い描いた通りにことが進みました。

最後は本部の社長からも、「よかたい。お金と場所があったらよかたい」と許可をいただいたのです。

こうして社員から新規フランチャイズオーナーとしての道が開けたのです。

心を込めて

私はその時のスーパーバイザーの後釜と思われていたので、本部からもすごく残念がられていました。でも私の師匠も6店舗ほどオーナーの経験をされたことがあったので、応援するよと言っていただけました。

でも社員から独立するのは実際は厳しいかもしれないですね。普通に考えると、お金の面で苦労をします。フランチャイズのオーナーは、そもそも自分でビジネスをしている人がほとんどです。

例えば、コンビニを経営していたり、弁当屋さんを運営していたりするので、ある程度動かせるお金があります。

私はスーパーバイザーまで務めた実績もあり、創業支援に関しては融資を得やすい面はありました。

それでもありとあらゆる手段で、資金を集めました。子どものために貯めていた資金も自己資金に当てました。

融資はなかなか下りませんでした。

日本政策金融公庫もダメでした。後、飛び込みで銀行にも行きました。

銀行の窓口で、たい焼き屋を開くのに1000万円の融資を得ようとしていたのです。

普通のたい焼き屋さんのオープンだと200～300万円で済みます。例えば駅前や商店街だとそのくらいの資金でオープンできます。

私は1000万円の融資を得ようとしていたので「たい焼き屋で1000万円ですか？」と、鼻で笑われたこともありました。

その時には既に、京都の福知山《ふくちやま》に物件は見つけていたのです。

どうしてもここで『日本一たい焼』を開業したいというお店があったのです。その場所であれば、京都銀行に行けば商工会議所の指導を受けているので、創業支援制度が受けられるということになりました。少しだけ光が見えてきた気がしました。

ただ、その時にはもう既に工事が始まっていて、後には引けない状況だったのです。

チャレンジでした。今考えただけでもドキドキです。毎日、どうしよう、どうしようと言っていました。毎晩毎晩、ファンキーモンキーベイビーズの『ちっぽけな勇気』という歌を聴いて、自分を奮い立たせていました。

この手のひらの中には何もないけど

きっといつか何かを掴むんだ。

そう思いながら、ずっと動き続けました。融資も下りない、けれど工事は進んでいる。一緒に働いてくれるキャストさんの面接もしないといけない。今考えるとゾッとするようなスケジューリングを1人でこなしていました。希望と夢だけをエサにして、活力にして、動いていました。

寝るのはいつも明け方の4時とか5時でした。そしてまた次の日の予定をこなしながら前に進んでいました。

それが、私が37歳くらいの時だったかな。

実は物件を見つける時にもエピソードがあります。

最初の1店舗目を見つける時は、本当に数千kmくらいを車で走って物件を探しました。

本部が私の選んだ物件を見に来ることが決まり、5個くらい候補が上がったのです。そうです。出店には、必ず、本部の許可が必要なのです。

あと3日後に本部が来るという時に、私の独立して最初の1店舗目の京都の福知山の物件は見つかっていなかったのです。

実はそれまでに見つけた物件は自分の中でしっくり来ていなくて、本当に大丈夫かなという気持ちがありました。そこでもう1回車で走ろうと思い地図を広げました。

当時はまだGoogleマップなどを使いこなせていなかったので、地図を広げて、ここだけはまだ走っていなかった、という場所に車を走らせました。

実際に走っていない場所があったので、行ってみた時には全身に鳥肌が立ちました。

その時は長男がまだ1歳か2歳くらいだったのですが、奥さんからすると、こんな田舎で周りに何もない所で、何でこの人、こんなにテンション上がっているの？　と思ったようです。

でも私からしたら、ホームラン物件だったのです。先に挙げていた候補の物件よりも、全然こちらのほうがよかった。

他の物件と比べて何が違うかというと、見晴らしが明らかに違いました。そして道路から店にも入りやすくて出やすい。しかも、周りには山があり最高のロケーションだったのです。

自分の中でも今まであらゆる店舗で修行をしてきたので、よく当たっていた店を見ていたこともあり、物件を見る目が肥えていたのだと思います。

京都の福知山の物件が見つかった時には、ブワッと鳥肌が立ちました。

3日後に本部が来る時に、自分の中で物件を紹介する順番を組み立てて、自分の中ではしっくり来ていない物件を先に見せ、最後に京都の福知山を紹介しました。

案の定1店舗目はダメ、2店舗目もダメとなり、3店舗目、4店舗目は時間の関係で飛ばし、最後に京都の福知山の物件を見せに行きました。

辿り着く前に「あそこです」と言ったら、本部もすぐに「ここにしなさい」という感じでした。

不動産屋の前で「ここがいいね、ここがいいね」と本部の社長が言うので「社長、すいません。ちょっと小さい声で……今から家賃を交渉するので」と言うと社長はすぐに察してくれました。

「ちょっとねぇ……家賃がこれくらいやったらいいけどねぇ」みたいに。

だからいまだに福知山に行くと、この場所はいいなと思います。ここが1店舗目で本当に良かったと思っています。

私の選んだ店舗は、山と青空をイメージしています。

それはやはり元祖佐賀城原店がそういった立地だからですね。

本部さんが見に来られた時に、やはり一発でOKをもらうのは、そういう立地だと私の中では思っています。

今、私たちのグループは、Instagramで見てもらうと分かるのですが「#田舎でのんびりたい焼き」をつけています。それは私たちのグループしか謳《うた》っていないのですが、山と青空のイメージは大切にしています。

あと物件を探す時は、必ず土地を見に行きます。

『日本一たい焼』は何度もスクラップ&ビルドを繰り返してきているので、本部が溜《た》めてきたデータを元にコンサルティングしてくれる人が土地の評価の表を作成してくれています。5段階評価で、40項目くらいに分かれていますね。

ただ、ここで高得点を取ったとしても、オープンの土地として採用されるかはまた別ですけどね。それでも最低90点以上は取っておかないといけない。

ちなみに最初の福知山の店は96点くらいはもらった気がします。

新聞折り込みで、『日本一たい焼』オープンします、スタッフ募集」と打ちました。1店舗目なので、もしうまくいかなかったらどうしようみたいな気持ちもあるわけです。人件費がやはりかかるので、オープン当初は6人しか採用していなかったんですよ。

一緒に働いてくれるのは地元の方ばかりで、20代の主婦の人もいれば、10代の高校生の人もいたり、30代、50代、60代と幅広く採用しました。

1店舗目をオープンするまでに研修も行いました。

7月に会社を創業し、そこから工事が始まり、なんとか融資も8月か9月くらいでギリギリ間に合い、よかった〜という気持ちになっていたので研修も順調に行えました。

その研修の時、いまだに覚えているシーンが一つあります。

たい焼き精神講義という私のグループだけの研修があるのです。『日本一たい焼』にはいろいろなオーナーの店舗がありますけど、おそらくこの講義をできるのは私しかいないと思います。

たい焼き精神講義は、師匠から受け継いだ言葉です。いわゆる、たい焼き精神というものを一言で言うと……。

『何か問題が起きた時に、その問題の原因を自分以外に求めない』

自分自身を見つめ直すことをたい焼き精神と言っています。

これから一緒に働く人たちに講義をした時に、1人の男性が立ち上がって「やりますわ〜！」と言ってくれたのです。

1号店、京都福知山野花店オープン前

その男性は20年以上、自分でカメラ屋さんを経営されていた、結構年配の人だったのですが、一番採用通知を出すのに迷った人だったのです。人生の先輩でもあるので、こんな若造の言うことを聞いてくれますか？　みたいな不安があったのです。

そしたら、率先して「やります！」と言ってくれたのです。講義が終わった後に立ち上がって「やりますわ、社長！」と言って、2人でハグをしたことを今でも覚えています。

そういったいろんな職業を経験してきた熱いメンバーが、最初の店舗に集まるのですが、研修を1週間くらい重ねていくうちに、だんだんみんな『日本一たい焼』に入り込んでくれるのが伝わってきました。

このオープン前の研修がやはり肝です。私がいつも言っているのは『ノーゲストの研修の1日は、通常営業の100日に勝る』です。

研修中はノーゲスト＝お客様が来られない状態で研修するわけです。営業が始まってから採用された人は、営業中の合間に研修をするしかないのです。

想像できると思うのですが、焼きも真剣に研修すれば、10時間もあれば釜の前に立てるのです。みんな難しいと思うかもしれないけど私も経験していることなのです。

たい焼きが焼けないからといって、自分を追い込むことなく出勤してくださいねとは言っているんですけどね。

こうして2011年10月8日。京都福知山野花《のばな》店がオープンとなったのです。

オープンの日が実際どうなったのかというと、想像以上でした。ドッカーンでした。

当日の朝に、地域に何万部と新聞の折り込みチラシが配られるんですけど、そのチラシに『クーポンを切り取ってお持ちいただくと、たい焼き10匹以上お買い上げのお客様に1匹プレゼントします』と謳ったのです。

そうしたら、すごい反響で行列ができているんですよ。その行列を見ていたら、本当に資金繰りや、それまで1人で準備してきたことを思い出すだけでも胸に込み上げてくるものがありました。

その行列を前に、応援で加藤さんが隣でたい焼きを焼いていました。まだその時、加藤さんは独立していなくて、私がかつて働いていた神戸北176店の店長をしていました。

応援に来てくれた加藤さんがパッと私の方を見たら「いらっしゃいませ」「ありがとうございます」と言いながら、私は泣いていたそうです。

加藤さんはその姿を見て、『どんなことをしてでも、この人を応援したい』と思ってくれたそうです。

オープン初日は洗い物もできないくらい忙しくて、私がお世話になったスーパーバイザーの他、資金繰りやお金の作り方を教えてくれたフランチャイズオーナー様が、わざわざ応援とお祝いに来てくれたんですが、声もかけられないくらいシッチャカメッチャカでした。

ちなみに売上は、オープン初日で5000匹は超え、3日間で1500組のお客様が来られました。4日目に京都放送の取材があったので、その時の数字を覚えています。

京都放送の取材は私が広告料を支払って取材に来ていただきました。笑福亭鶴瓶《しょうふくていつるべ》さんの12番目のお弟子さんの笑福亭鉄瓶《てっぺい》さんや、松竹芸能の芸人さんが来られたりして、すごくおもしろおかしく『日本一たい焼』を盛り上げてくれました。その宣伝も大成功でした。

そして、その時には実は2号店を見つけていたのです。

本部には京都の福知山野花店をオープンしたら、3カ月後に2号店をオープンさせてほしいと言っていました。でも、やはりそこは本部が私のことを見ていてくれたようです。

「京都の福知山野花店を、焦らずまずは1年間経営してみなさい」ということで、3カ月後に2号店はオープンできなかったんです。結局、その時に2号店をオープンしなくてよかった、という出来事がこの1年間でいろいろ起きてくるのですけどね。

というのも、吉野家時代の私の経験が『日本一たい焼』で働くようになっても活きていましたし、社員として『日本一たい焼』の店長やスーパーバイザーの経験もしていたので、自分の中では怖いものなしの状態でした。まさに勇者モードです。

マネジメントもできていると思っていたんです。ですが、実際にいざ経営を行ってみると、今度は自己責任の世界です。やはり独立するとキャストさんとの摩擦がありました。

あとは、たい焼き一本で独立したものですから、たい焼きのクオリティを落とせない。

そして1000万円を借りているのでそう簡単に会社を潰せない。1000万円なんか今まで借りたことがないですからね。なので、もう本当にやる気の炎が毎日たぎっていたんじゃないかなと思います。

今でこそ週1回の定休日がありますけど、オープン当初は第2、第4週の月曜日の2回しか休んでいませんでした。後は売上を上げるため全部営業です。

当然、当時の私は1店舗のみの経営でしたので、朝から晩まで店舗に入っていました。

ずっと店舗に入って、みんなを教育していくのですが、やはり疲れた時は言葉尻が強くなってしまいます。

後は自分の理想の動きをしていないキャストさんに対して、厳しく言ってしまったことが、恥ずかしいくらい思い返されます。

当時は38歳。熱い気持ちが前に行き過ぎていましたね。勝手口の鍵やロッカーの鍵のかけ忘れ、ルールを守れていない人に対しては特に厳しかったです。

あとは『100%お見送り』を、私は信念にしていました。たい焼き以外でも、コンビニで買い物をすると、店員さんはだいたい商品をお渡ししたら終わりですよね。

でも、そうではなくて、たい焼きをお渡しした後にサッとドアを開けてさしあげる。そしてお客さんが車に乗り込み、車が見えなくなるまでお礼をしよう。

この一期一会《いちごいちえ》の精神をしっかり伝えています。もう二度とこの人には会えないかもしれないという気持ちでお見送りしていこう、という熱すぎる社長なのですよ、私。

でも本当に100%理想の店にしたかったので、自分も率先して、現場にいた時は100%お見送りをしていました。

だから自分がたい焼きを焼いていて、キャストさんがお見送りをしなかった場面があった時には絶対に私は言うんですよ。「お見送り行きましょう」みたいに、できるまで言う。

やはりそこにはキャストさんたちからの反発があったりしましたね。

ただ『100%お見送り』について、あやべ市民新聞という地方の新聞の社長さんがコラム欄に掲載してくれたことがありました。

このお見送りがあるから、すごい行列になる意味が分かった。ここまでのお見送りをしてくれるたい焼き屋があるのか、という記事でした。

僕の中では嬉しいことですけど、社内的には、たい焼き屋ってこんなに厳しいイメージがなかったと思います。もっとほんわかしていると思って働いてみたら、他の飲食店よりはるかに厳しい。それこそ、たい焼きの釜より熱いオーラを発している社長がいる。

でも地域では有名になるくらい『あそこの店は接客に厳しいよ』という評価も得ているんです。また、辞めた人は、自分のことを正当化する傾向があり、言うじゃないですか、『あの店は厳しいよ』とか。

だから、お店で働いていないお客さんが外部からする厳しい接客という評価と、接客をする内部からみた厳しい接客という評価は合致していました。

その後キャストさんを追加募集して、10数人の店になっていくのですが、研修の時に「やりますわ!!」と言って抱き合った方は勇退されました。70歳近くまでがんばっていただいたんですけどね。

やはり歳を重ねていたこともあり、たい焼きを焼き過ぎてダメにしてしまうことも増えていたんですね。そこで泣く泣くではありますが職場を離れられました。

元経営者の方だったので、私の気持ちをすごく理解していただいた人でした。『日本一たい焼』の福知山野花店にものすごく貢献して退職されました。

新陳代謝といいますか、役割を終えて、どんどんキャストさんも変わっていきましたね。

私は燃え盛っていたので、キャストさんと最初は摩擦もあったけど、その後に問題になって辞める人はいなかったです。むしろ熱い社長の下で働ける!! という思いがあったのかもしれないですね。本当に私も家族のように接していましたから。

私は、オープン前の研修で話すことがあります。

『心を込めて』という言葉です。私が牛丼の吉野家の時から使っている言葉です。「心を込めてやるぞ!!」とか「心を込めて焼くぞ!!」とキャストさんに伝えていたんです。

そして京都福知山野花店で私にとって大切な出来事がありました。

オープンして2カ月後くらいの時に、閉店してから私はその日の売上を数えていたんですよ。

すると表から「社長〜！　たい焼きをくださいって言ってるお客さんが来られてます」とキャストさんから声がかかったんですね。

「いや、もう閉まっとるやろ！　もうごめんなさいってお客様に言ってきて！」と私が言ったら、すかさずキャストさんから言葉が返ってきました。

「いや、でも……お母さんがもうすぐ亡くなられそうなんだそうです……」

それを聞いた私ともう1人のお金を数えていたキャストさんはお金を置いて、みなまで聞かず、駆けつけて厨房に入り、釜に火をつけ、あんこを出しました。

「ちょっとお客さんをお通しして」とお店に入ってもらいました。男性のお客様だったんですけど、お母さんがすい臓がんで亡くなるんです、と話をしてくださいました。

死ぬ前に『日本一たい焼』を食べたいと言われたんですよ。死ぬ前に。お客様は、私がたい焼きを焼いている間、お母さんとの思い出を語るんですよね。

その話を聞きながら、1周16匹のたい焼きを焼いたんです。今、思い返しても、あの時の16匹ほど心を込めて焼いたことはないですね。

そしてこのお客様のお母さんの話を聞きながら、私は、私の父に思いを寄せていました。

私があれだけ反発していた父は、平成17年に私が結婚する前に亡くなっているのです。

私も父をすい臓がんで亡くしていたので、その目の前におられるお客様のお母さんとの話が、ずっと自分の父との思い出とつながっていたのです。

亡くなった父は、自分の商売が終わる頃に私の母に話していたそうです。

「ぜんざい屋さんを、大分の湯布院でゆっくり、お母さんとぜんざい屋さんがしたいなぁ」って……。

ずっと厳しい父でした。自分勝手なところもある父でした。でも最後は母とぜんざい屋さんがしたいと思っていたのですね。

ぜんざいって、あんこじゃないですか。なんか父が『日本一たい焼』に導いてくれたのかな、という気持ちを今になって常に感じますけどね。

男性のお客様にたい焼きをお渡しした後に、今回のことを本部に電話して報告しました。

「あんたね、それは絶対に一生忘れちゃダメよ」って言われましたね。

それ以来、オープン前の研修では、このエピソードを必ずお伝えしています。

後日、閉店後にたい焼きを買いにこられたお客様が、お母さんが亡くなられたということで、私の所に来てくださいました。

棺にも、たい焼きを入れていただいたということでした。その時は本当に感極まり、店の外で、お客様と、よかったですねと言いながらハグをしましたね。

もし私が、京都の福知山野花にお店をオープンしていなかったら、そこには『日本一たい焼』がなかった。

本当にいい場所を見つけてよかったなと思いました。

そして、こうした感動やドラマを、心を込めてずっと生んでいきたいなという気持ちは、いまだにずっとあります。

人は冷たい、人は温かい

ありがたいことに、いまだに福知山野花店の目の前の国道9号線は、週末になると片側1車線ですので満車になると、ちょっと道が詰まります。地域では、たい焼き渋滞と呼ばれています。

福知山野花店は、私が現在展開している13店舗中でも、ベスト3に入る売上です。

2号店の売上もそれくらいに入るのですが、余程、私が執念で見つけた場所だなと思いますね。

満を持して、1年経った後に、もういいでしょうと本部からも許しを得て、2号店岡山《おかやま》街道建部《かいどうたけべ》店を福知山野花店から170km以上離れた岡山に出します。

普通のフランチャイズの感覚でいくと出店場所を間違っています。170km以上離れていると管理が大変になってくるからです。

でも、どうしても私はここで2号店をオープンしたかったのです。

その理由は、直感と欲です。絶対にここでオープンしたら流行るだろう、みたいな。

それは場所を見ての直感でした。Googleマップで気になる国道があったので、車を少し走らせてみようと思い、パソコン上の地図に目を走らせていたんです。

普通は他県のGoogleマップなんてあまり見ないですよね。でも普段から私は立地の良い場所を探しているんです。

独立する前に、とことん兵庫県の道を走ったこともあるのですが、普段から好立地の場所にアンテナを張っているのかもしれないですね。

私の事務所には地図が掲げられていて、戦国時代ではないですけれど、出店した場所にはピンを留めています。もちろん、戦が起こるような敵は、誰もいないんですけれども、勝手に気分が戦国大名になっていますね。

「次は、この城を取りに行くか！」みたいな感じです。

あとは、とにかく実際に車で走っています。時々はじめて来た場所なのに「あっ、ここ走ったことある！」という場面に出くわすことがありますね。これだけ地図を眺めているとそういうことが起きます。

この場所は将来的にバイパスが出来ることがなく、南北の通り道は絶対にここだけだろうという場所があります。

そういった場所は絶対に流行るのです。上に行ったら『B'z』の稲葉さんの出身地の津山《つやま》市。こちらに行くと岡山市の繁華街。どちらにも需要があるのです。津山市にいる人は岡山市に行きたいし、にぎやかな岡山市の人は、少しのんびりした津山市に行きたい。

2号店の岡山街道建部店を決めた場所は、その岡山市と津山市の間にあるのです。ちなみに、そういう場所探しのアンテナは、日常から張り巡らせています。

例えば、

「山本君、場所探しに行かんね」と声がかかる場面がありました。

この時に「行かんね」と言われて探しだすのと、「行かんね」って言われて「行ってきます！」と返事をして、次の日には「物件を見つけてきました！」となるのとでは、明らかに後者の方が評価が高いのです。

ということもあり、常にネタとして20件以上の物件を持っていようと思っています。

だから、たい焼き屋を含む、店舗のビジネスがうまくいくコツは、おいしいたい焼きを焼くだけではなく、土地、場所というロケーションの要素も含まれるのです。

このロケーションの価値は、お店の価値の9割9分を占めていると私は思います。

研修では、味が10点満点、立地が10点満点でプラス20点。でもプラス20点にするか、マイナス20点にするかは接客だと言っています。

でも立地が9割9分だと言ってしまうと「えっ、私たちの価値は1分ですか？」となってしまいます。

商品は間違いない。僕が人生を賭けようと思ったたい焼きだから。そして立地も間違いない場所を選んでいる。でも、それをプラスにするかマイナスにするかは、あなたたちだよ、ということをお伝えしています。

つまり全ての要素をきちんと準備していないとマイナスの足し算になるということです。接客もそうです。

でも大部分は、オーナーが選ぶ立地で売上が決まります。間違いないです。

どれだけいいキャストさんがいて、どれだけいい商品が用意できていても、この店に入ってみようと思われないといけない。

深層心理で「あそこのお店の駐車場に入ったら出にくそうだ」と思われたらもうアウトなんですよ。はっきりと目に見えなくても、そういった負のイメージは積もっていくのです。

この少しずつ積もった負のイメージが「あぁ、あの店行きたいけど出にくいもんね。時間になると車が数珠《じゅず》つなぎになるもんね」といったお店のマイナスイメージが人間にいつの間にかインプットされていくのです。

だからこそ、新店舗をオープンする時は『城を取りに行く！』くらいの覚悟で場所を探すのです。

その覚悟で探した物件は、コンビニ跡地が二つ並んでいる場所でした。

最初、不動産屋さんに家賃を聞いたら、片方のコンビニ跡地（R）が15万円で、もう片方のコンビニ跡地（S）が30万円だったのです。30万円の方はコンビニ跡地の敷地がフラットでドライブイン施設につながっているので、駐車場に車が50～60台は停められました。

でも15万円の跡地（R）にはフェンスがあり、20台停めるのがやっとかなという広さでした。だから、私としては駐車場の広さ的には、跡地（S）側がいいんですけど、家賃で考えたら跡地（R）側なのです。

そこで、2号店を出させてくれと最初に本部に言っていた時は、跡地（R）側の家賃が安いほうを挙げていたのですが、本部からは「あなたは1年間待ちなさい」と言われていました。

それが良かった。

1年間待って、物件を見に行ったら、まだドライブインとつながっている跡地（S）側の店が空いていたのです。これはチャンスだと思い、駐車場の広い跡地（S）側の物件を管理している不動産屋さんに電話をしました。

不動産屋さんにお会いすると、すごく相性も良さそうな不動産屋さんで、そろそろ家主さんも貸したいという状況でした。ただ、やはりたい焼き屋で、30万円の家賃では勝負ができないので、希望として10万円以上下げた金額をお伝えしたのです。

そうしたら不動産屋さんが後押しをしてくれました。中華料理屋さんも来ていたらしいのですが、ドライブインの家主さんは蕎麦屋さんをしていたので、飲食店がバッティングするので貸せなかったらしいのです。

その時に、たい焼き屋さんが物件を貸してほしいと来たので推していただけたそうです。

商談中に、また１本電話がかかってきて、ちょうど介護福祉の会社から貸してくれという打診がありました。不動産屋さんが電話を切った後に「山本さん、ラッキーですね。こういった商談は先に話が来たほうから商談するんです」と言ってくれました。

これが１日ずれていたら、介護福祉の会社に貸していたかもしれなかったのです。そういった運も重なり、うまく商談が前に進みました。

こうして、２０１２年11月23日に岡山街道建部店はオープンしました。

蓋《ふた》を開けると１店舗目の福知山野花店はお客さんが３日間で１５００人でしたが、２号店は３日間で３０００人来られたのです。

ドライブインの近くという立地の良さで、車を停めた人がお店に歩いてくるのですごい来店者数になっていました。

やはり私は本部社員だったので、華々しくオープンした店や、残念ながら閉店して片付けに行った店もあるからこそ分かるのです。

働く人がダメだったからお店が潰れたのではない。みんなは生き生きと働いていたけど、最後は悩みに悩んでいる姿も見ています。やはりトータルすると立地なのです。

だからある時、本部の橋本社長から、私がまだ10店舗をもつ前くらいに「あんたのとこは、なんでそんなに儲かると？」と聞かれた時があります。

その時、私は社長にこう答えました。

「社長、私は後出しジャンケンなんです。負けるわけにいかないんです。先人たちに見せてもらった、成功例と失敗例を活かして今に至っているのです」と。

実は入社した時から、本部は私を独立させて、資金を貯めさせたいという思いがあったみたいです。だから研修生の時から、物件探しをしなさいと言われていました。

流行っている店をまだ見ていない状態だったので、社員の頃は全然たい焼き屋さんの立地条件に合っていない、今考えると、とてもとてもオープンできない店を見つけてきたこともありました。

また、不動産屋さんに電話をして、物件の情報をくださいと伝えても、私がたい焼き屋の立地の条件や内容を伝えきれていなかったのですね。だから不動産屋さんからすると、わけが分からない状態です。

不動産屋さんにしてみれば、「たい焼き屋といったら、駅前や商店街でするものだろう。なぜコンビニの跡地を探しているんだ？　こいつは何を言っているんだ？」みたいに感じられていたと思います。

そういう状態から経験を重ねていく中で、たい焼き屋の立地についての目線がブラッシュアップされていったのです。

自分自身が今、１００点満点ではないとは思うのですが、その物件が、当たるか当たらないかぐらいはだいたい分かってくるようになりました。

その社員の時の積み重ねがあったおかげで、独立の時に全て結果につながったのだと思いますね。

1号店がオープンして、2号店が1年後、その次の3号店オープンの話も出てきました。2号店をオープンしたあたりに、加藤さんが独立します。本部社員時代に部下だった加藤さんが独立をしたので、名古屋まで応援に行く機会がありました。

その時に空港で本部の社長に会ったのですが「山本くんも立地を見てくれんね。どっかいい場所はないんね?」と言われました。その時に「一つあるんです」って答えました。実はいくつか3号店の場所を探して用意はしていたんですけどね。

本部からすると1、2号店の成功を見ていたので。どこまでのバロメーターかは分かりませんが、ある程度のいい立地を見つけてくれるのではという期待値は高かったと思います。

また店の立地のノウハウを本部と共有することもあります。オープンの場所を決める時は本部も一緒に来てくれるのですが、一緒に見ながら共有し合う感じです。

あとはそこで本部の社長に会って話がしたいという気持ちもあります。私も橋本由紀子社長を安心させたい気持ちがあるので、会いに行きますね。

その時に、やはりチャンスをいただいているので社長から「なんかないね？」と言われた時に「気になる所があります」と即答できるようにしています。

この一瞬のレスポンスを私はすごく大事にしたいなと思っています。

だから橋本社長と話す時には「見てきますね」よりも「いくつかあるんですけど」って言うようにしています。

今回も3号店の打診をされた時に、すぐに「いい場所が一つある」と答えました。

「じゃあそこ、あんた見に行きなさい」と言われて物件を見に行ったのですが、家主さんに辿り着くと「前に借りた人が家賃を払わなくて困っているんだ。『日本一たい焼』が借りに来たから、前の借り主には出て行けと言わせてもらうね」と言ったのです。

「ちょっと勘弁してください、恨まれてまで商売はしたくないです！」という話をして、私は一旦その物件を離れたんですよ。

そうしたら、本部はやはり出店の話をどんどん進めてくれたのです。でも、その場所ではオープンしたくなかった。オープンしたら絶対に流行るだろうと思ってはいたんですけどね。

3カ月後くらいに家主さんから電話がかかってきました。

『日本一たい焼』の名前を出さずに前の借り主を出すことができました。この物件を借りてくれませんか？　という連絡だったのです。それこそこちらの言い値でした。

そこで10万円で貸してくださいと私から言ったのです。破格です。さすがに最初、10万円では困ると言われて、12万円で借りることができたのです。これでも破格です。

こうして２０１４年１月25日に３号店の姫路《ひめじ》因幡《いなば》街道《かいどう》林田《はやしだ》店をオープンすることができたのです。

３号店オープンの１カ月前の年末は、唯一いた男性の社員さんが辞めたタイミングでした。私の家庭では三男がもうすぐ生まれる時だったので、２人の子どもを見ながら、３号店の面接をするという時期が続いていました。

２人の育児をしながらオープンの準備をしていたのですが、その状態で働くのは２日間しか無理でしたね。なので義理のお父さんとお母さんに無理をいって、泣く泣く子どもを預けて３号店の準備をしていたという経緯があります。

そこから３人目の子どもが１月７日に生まれました。その数時間後には新店舗の面接に行くという状況でしたが、その３週間後くらいに３号店がオープンしたのです。

３号店がオープンして、年商は１・５億円ぐらいまでいきました。ものすごく自信満々で、勇気《ゆうき》凛々《りんりん》の状態です。

3店舗になると、身体一つでは管理できないので、インターネットカメラを店舗につけて、キャストのみんなを見るようになりました。

そうなると、やはりこの声があがるんです。

「監視されているんじゃないですか？」と。

私が、「監視じゃない。評価したいんだ」と説明しても、「それは、大義名分ですよね」と、信じてくれない。

でも、本当はその「監視する」という気持ちが私になかったとしても、こちらが思っている以上にインターネットカメラで見られている側は、見られているというイメージが強いのは分かっているんです。

かつて神戸北で私が店長デビューをしていた時と同じですよね。この管理する感覚も立場が変われば分からなくもないなと思いました。

やられていて良く思わなかったのに、やってしまうのです。

一度お店に電話をして指導してしまったこともありました。

その管理がうまくいっていない時に、3店舗でメインになって働いていた人が、健康の都合で辞めることがありました。私は「この子が辞めたら、みんな辞めるやろうな」と思っていたのです。

その子はカリスマというか、働き方を見ていると、この子を中心に回っているなと感じていましたから。もちろん私もそういった部分を評価して、この子を上にもってきて、下の子たちに波及させていこうと考えるのです。

人間関係の風向きがある程度は分かるので、「これは、ヤバいなぁ……」とは感じていたのです。でもその時に私は、辞める予定の子に「辞めるということはあまり言わんといてね」と言っていなかったのです。

きっと周りのキャストさんに言ってしまっていたのでしょう。「じゃあ私も」「私も辞めます」「私も」みたいなことが続きました。みんなそれぞれ違う理由で辞めていくんですけどね。

それが2月末の大量退職でした。

おそらく辞めるキャストさんで合言葉のようなものがあったのだと思います。私に電話をしてきて「社長、すみません。2月末で」「社長、2月末で」「2月末で」と、絶対に電話で『2月末で』と言われるのです。

2月末で、一気に2号店にいた14名のキャストさんの内、13名が退職したのです。

2月中に1人採用した男の子がいたのですが「この子だけには、絶対みんな退職することを言わんといてね」と言いました。新しく採用した子も先輩からいろいろ教えてもらうじゃないですか。でも3月になると、みんな一斉にいなくなる。びっくりですよね。

でも、これはもう止められないなと思いました。これは、止めるのは無理だな、と。

みんな本当に、社長、社長と言ってくれていて、本当に家族のように接してきたキャストさんたちでした。誕生日にも1人1人にプレゼントしていたり、社員旅行にも連れて行ったりしていたのですが、そういった形で辞めていかれたのです。

やはり、落ち込みましたし、少し人間不信にもなりました。

三つある店舗の中でも、一番売上の高い2号店が崩れていくのですから。どうしようと思い落ち込んでいたんです。

それでも、3号店で採用したメンバーがそこで頭角を現してきました。その時に助けてくれた社員さんは、初代の統括という役職に就く子です。

その子から私に連絡をしてきたんです。

「社長、私たちが守ります」そう言っていただいたんです。その後3号店から2人を、2月末で大量にキャストさんが抜けた2号店に引っ張ってきました。「住み込みになるよ?」と言うと「大丈夫です」と言ってくれました。

結果として、私が1日も厨房に入らずに、その状況を乗り切ったのです。

その時、私は兵庫県の三田市に住んでいました。なので自分も現場に駆けつけないといけないと思ったのですが、社員たちが自分たちで切り盛りして乗り切ったのです。

その時に私は、人の冷たさと、人の温かさを同時に感じました。本当に心臓に良くない時期でした。

実は2号店の中で、私の経営に異を唱えている空気は感じていたんです。私に対する口ごたえも結構見えてきていたので、空気の変わりようは見えていたんです。

私が初代統括を、1号店と2号店を差しおいて、3号店から選んだことへの反発があったのでしょう。

先に関わっていたというプライドも分かるのですが、3号店の統括に選ばれた子には実力があるのです。私はやはり、キャリアよりも実力を大切にする傾向があったのです。

その人事に対する反発があったと思います。インターネットカメラも然《しか》りです。だから新店舗オープンを経るたびに、私のスケールが変わっていくのですね。1、2号店の時は、キャストさんたちの家族と花見にも行っていました。

だけど、3店舗目になると経営色が出てきたのです。やはり、だんだんと違う自分になっていったのだと思います。

私が本当の意味での経営者に生まれ変わる時期だったのでしょうね。

その経営色の強い私にバリバリと鍛えられているから、3号店の人たちは頭角を現すほど成長できたし、私をカバーできたのです。

今に見とけ、きっと追い風は吹く

2号店のピンチを3号店の人たちのカバーでなんとか乗り切りました。それでもやはり人間不信をすぐには拭《ぬぐ》えなかったです。

独立する時には、「51歳までに15店舗をオープンするぞ」という目標がありました。A4用紙にきちんと書いて今でも残っています。

けれども、「あぁ、もう無理かなぁ……稼げているので、このままでいいかな……」みたいな気持ちになっていましたから、新たに店舗展開しようなんて思えなかったです。

そこから2年。2年8ヶ月間の期間が空いて4号店オープンが動き出します。

その時の気持ちは、機は熟した、です。

2号店でキャストさんが大量退職した時に、退職したメンバーが「日本一たい焼建部店は潰れるぞ」と、周囲に言って回っていたのを耳にしたのです。

スーパーで買い物をしていた元オープンキャストさんがその噂を聞いたそうです。元オープンキャストさんは大量退職があった時には別の所に就職していたのです。

その元オープンキャストさんがスーパーのレジの人から「あそこのたい焼き屋、潰れるらしいよ」と言われたらしいのです。

すぐ私の所に電話がきました。「日本一たい焼建部店、潰れるんですか?」って。心配してくれたんでしょうね。私は「潰れない、潰れない」と話をしました。

まさに風評被害です。でも、そこから2年8カ月間……。

私はどんな気持ちでいたかというと……。

「今に見とけ」でした。

歯を食いしばって、「今に見てろよ」との思いで、4号店は絶対に岡山県で出そうと決めていました。今に見とけよという思いで4号店オープンの準備を進めたのです。

4号店オープンに向けて、車を走らせて2時間で見つけた場所が、岡山周匝《すさい》店だったのです。岡山県のサンクス1号店の跡地でした。

「車を走らせて、2時間」……過去最速です。

その場所を見つけ出して4号店をオープンしました。誰に言うわけでもないですけど、私の中のリベンジ店舗でした。当然、誰にも言わないです。でも自分の中ではリベンジを果たしたぞ、という思いでした。

辞めていったメンバーの中にはSNSでつながっているメンバーがいたので、それとなく岡山で4号店を出します、とチラ見せしてました。ちっちゃい男ですよね（笑）。

そろそろ平成が終わるという時代が来ました。

私の中で、『日本一たい焼』の歴史の中で元号が変わることはこの先おそらくないぞと思い、平成最後の店を出そうと決めました。そこで兵庫で場所を見つけ、平成31年2月9日に5号店の兵庫神崎市川《かんざきいちかわ》店をオープンしました。

その次は、令和初のオープン店舗を目指そうと、動きを止めずに令和元年の9月14日に兵庫西脇寺内《にしわきてらうち》店をオープンします。

これでもう絶対に崩れない。平成の最後と令和の元年初にオープンしたんだという、周りから見たらどうでもいいかもしれないけど、私の中では本当に歴史に残った！　という思いがありました。

令和元年の9月のオープンでみんなが沸いている中、私は1人車を走らせて、1週間後に7号店の場所を見つけに行きます。

そこが島根出雲《いづも》縁結《えんむす》び店です。

これは私の自己満足なのですが、夜中に何号店のオープンのお知らせ、と1枚のファクスを各店舗に流すんです。そして、みんなが出勤してきたら「えー！　また店が出るの？」みたいな絵を想像して、いつもファクスを送っています。これが私の楽しみです。

それが働いている人たちにとって、どんな反応なのかは分からないですよ。「また店を出すのか！」という反応かもしれない。でも、だいたいは良い反応をいただくのです。

こそっと見つけた島根出雲縁結び店がオープンするのですが、世間では大変なことが起きていました。

新型コロナウイルスによる、パンデミックが始まったのです。

2020年3月1日から島根出雲縁結び店と契約したので、工事が始まっていたのです。そのタイミングで、感染者を乗せたクルーズ船が日本に着いたという報道がされていました。

クルーズ船の時はまだそこまで深刻に考えていませんでしたが、日本地図での感染者の分布が放送されるようになると、だんだんこれは対岸の火事ではない、人ごとではないと思うようになってきました。

どうしよう、もう契約は始まっている……でもやるしかない!! というところで、また風向きが大きく変わったのです。3月29日に志村けんさんがコロナでお亡くなりになったのです。

日本中が、一気に、沈んだ気がしました。

そこからずっと葛藤が始まりました。新店舗をオープンしていいのか、でも工事は始まっている、やるしかない。研修生も集めている。研修もやるしかない。

ただ、やはり体制的に、アルコール消毒液やマスクの準備は万全にしました。それでも神戸ナンバーの車を島根で走らせるので、パーキングエリアに寄っただけで睨《にら》まれました。何十人もの人に睨まれましたね。「こんな時に、なんで神戸から来るんや」というような視線でした。

睨まれるより言ってもらったほうが楽なんです。ちゃんと対応ができるので。

沢山の人から睨まれることを経験したり、本当に店をオープンさせていいのか葛藤したりしながら、そんな中でも新店舗グランドオープンの準備をしていくのです。

でも、今度は4月23日に岡江久美子《おかえくみこ》さんがコロナでお亡くなりになるのです。日にちまで克明に覚えています。その2日後が島根出雲縁結び店のオープンなのですから。

人を集めるなという時期に、人を集めようとしている。人を集めないと新店舗をスタートできないじゃないですか！　その両極端に挟まれていました。でも、みんなの前では笑顔で「こういう店を作ろうな」と言っていました。ただただ、1人で悩んでいました。

研修が終わった後は、みんなでご飯を食べに行くのが通例だったのですが、その食事会もやめることにしました。こんな状況だから、私たちの中で何かがあってはいけないという配慮でした。

いよいよオープンの前の日の4月24日。

みんなで一旦オープン前の作業を終えて、最後にいつもの儀式として、お酒と塩と米を敷地の四隅に撒いて、手を合わせて大成功を祈りました。自分の中では、それでもまだ、明日はオープンしてもいいのだろうかと心がザワザワしていたんです。

そのお祈りが終わった、ちょうど夕暮れ時でした。

お父さんとお子さんが歩いていたのです。その時に一言、オープン前の店を見てお父さんに言われたんです。

「楽しみにしてますよ♪」

胸が熱くなりました。目頭が熱くなりました。

私はその「楽しみにしてますよ♪」の一言で腹が決まったんです。

地元の人が待ってくれている……。そう思い、もう1回みんなの所に行き、言いました。

「やるぞ!! 明日はどんなクレームの電話も俺が受けきる!! だからやろう!!」

4月25日、島根出雲縁結び店オープン。

入念にシミュレーションをしました、ソーシャルディスタンスの対策もしました。「ここが最後尾です」ではなく「ソーシャルディスタンスにご協力をお願いします」と言いながら対応しました。

見事にその作戦が功を奏し、一つのクレームもなくオープン初日を終えたのです。

本当に良かった。

そして、これも私としてははじめての経験だったのですが、オープン当日の夕方6時に寒気を覚えてしまいました。おそらく、無事オープンできたことで安心してしまい、それまでの無理が一気に押し寄せて来たんでしょうね。

先にホテルの帰らせてもらい、その後は遠隔で報告をもらうという方法にさせていただきました。

さて、無事オープンした7店舗目ですが、その後、今までに経験したことがない出来事が起きます。

暗いニュースばかりで視聴者が減り、テレビ局もネタを探していたんですね。だから『日本一たい焼』の島根出雲縁結び店を取材させてほしいという連絡が舞い込んだのです。

同じ局だったのですが、違う時間帯でもう1件はゴールデンタイム。1時間も取材を受けました。あとはラジオにも出てくださいと言われました。

だいたい新店舗のオープン景気は1カ月くらいで終わるのですが、そういったチャンスのおかげで、なんと、ほぼ1年も売上が落ちなかったのです。

売上のマックスは5月。オープンした翌月のゴールデンウィークを入れると売上は7万匹を超えていました。

1店舗だけで1500～1600万円を売り上げていましたから、その時のインタビューでは自分ではにやけていないつもりだったのですが、とてつもなくにやけた顔をしていました。

鼻の下も伸びていましたから、テレビの中でもナレーターの方に、ツッコまれていましたね。『にやけが止まらない山本さん』、みたいな、いやらしい顔をしていましたね。お金が入ってしょうがないみたいな顔をしていました。正直なので顔に出てしまうんです。

でもそれは、1年間のコロナ禍の苦しみを乗り越えたからこその顔でした。このコロナ禍の1年間で他の『日本一たい焼』も、いつもと変わらず営業ができていました。

店舗の場所が田舎で、しかもテイクアウトだからです。都会から離れたい人たちが、こっそりとドライブするのには打ってつけだったのです。

しかもお店での滞在時間は10分にも満たないので、実はコロナ禍1年目の2020年は、コロナ前の2019年との対比で売上が120%~130%だったのです。

『日本一たい焼』の本部の二鶴堂ではお土産菓子の売上が90%ダウンだったのですが、たい焼きがドカンと売り上げるのです。

そうすると元気のいいオーナーさんに、本部の橋本社長から声がかかるんです。私は声がかかる前から「自分に、絶対に声がかかるな」と思っていたので、ネタをいっぱい準備していたのです。

「山本くん、行かんね」そう言われ、次の年に今までしたことがない挑戦に踏み出しました。それが1年間で4店舗の出店につながっていくのです。

コロナ禍で物件の賃料の交渉がしやすい状態だったのです。これも追い風でした。これは絶対に風が来ると思っていたのです。

2021年、4店舗の怒濤のオープンラッシュがスタートしました。1店舗目が岡山真《ま》庭《にわ》ロマンチック街道店。

オープンした翌月に、YouTube講演家の鴨頭嘉人《かもがしらよしひと》さんの講演会に行き、エネルギーをいただきました。そのエネルギーを追い風に、また焚き火が燃え上がるのを感じました。

政府は雇い止めをしてはいけないと言っていましたが、実際に仕事を失った人たちもいました。リストラをされた人たちが「雇い止めになりました」と言って、面接に来てもらえたことも追い風になりました。

ここからまた1店舗ずつにドラマがあるのですが、ここでは伝えきれません。

どんな困難が起きようと、私の周りには追い風が吹くのです。

私にとって、『日本一たい焼』は壮大な感動の風が巻き起こるドラマなのです。

たい焼検定試験の試験官時。試験後の指導も、真剣に

おわりに

私の人生は、華々しい人生では決してありませんでした。

順調に一つの会社を全うしたわけでもありません。

教師の時があって、フリーター生活があって、吉野家の時があって、営業マンの時があって、今ここに至っています。

ですけど、窮地に立たされた時が特にそうですが、負けないでおこう、という言葉を常に自分に言い聞かせていました。当然、何かに挑戦する時には、なりたい目標の姿があります。

そのなりたい自分の姿ばかりではなくて、自分の中で何が起きても絶対に立ち上がろうとする姿。そういった負けない気持ちで立ち向かってきました。

そして、負けない気持ちで立ち向かい、立った場所で必ず掴んできたのです。

『自分の火』を掴んできたのです。

泣きながらたい焼きを焼いたあの日のように、何度も何度も練習を重ね、何度も何度も立ち向かい、何度も何度も立ち上がった。

その灯火は、野球部だった高校生の私にも、吉野家で働いていた私にも、そして『日本一たい焼』のフランチャイズオーナーとなった私にも、全ての自分に受けつがれている火なのです。

私は、そうして生きてきました。今の私だけを見ると華やいだ姿に見えるかもしれないですが、勝とう勝とうとする人生よりも、負けないでおこうという気持ちがやはり強かったと、今、振り返ると思います。

負けないでおこうと思っている時は、13名のキャストさんに辞められた時からの2年8

カ月ではないですけど、いろいろ辛いことが起きて、いろいろ自分の中で試行錯誤した時期です。

教師を辞めた時も、フリーターの時も。そういう悩んでいた時のほうが自分にとって得るものが大きかったし、今の人生を支えてくれている気がします。

だから、負けないでおこうの「負けない」は、今の弱い自分に負けないでおこう、です。はたから見れば教師はいい職業です。その仕事に馴染めず挫折した自分はかっこ悪いなと思うんです。でも、そういう自分に負けないでおこう。

挫折を感じても、あなたは負けてなんかいない。

私にとって、教師を辞めた時もそうですし、大量退職の時もそうですし、独立してすぐに起こった問題もそうです。

大きな挫折を味わう時は、何かアクションを起こした時です。自分で環境を変えようとしている時に挫折を味わう出来事が起きています。

それは、気持ちは前を向いているのですが、理想と現実のギャップを感じているのです。

その感覚は本当の意味で負けたのではありません。

だからこそ、負けないという気持ち。今に見とれよという気持ち。

あの気持ちがなかったら、おそらく今の13店舗はなかったでしょう。負けない気持ちで次の1店舗に踏み出せてよかったと思います。

負けない気持ちが、私の分岐点だったと思います。

そして、私にあったのはどんな場面もこれはチャンスだと、勝手に思い込む力です。

元号が変わるタイミングで新店舗をオープンすれば、『日本一たい焼』のホームページに、オープンした元号が書かれるので、そんなことにも挑戦しました。

コロナ禍では、ここはテイクアウトに勝機ありと7店舗目をオープン。結果的に、２０２０年の売上は、コロナ前の２０１９年より１３０％アップになりました。

これは全て、『自分の火』を信じたからこそ、できたことです。

そんな、私、山本隆司という男の人生を書きあげた一冊が、みなさんの心の釜を、熱く、そして優しく温めることを心から願います。

だって、この人生は日本一たい！

『日本一たい焼兵庫猪名川渓谷ライン店』の前で、YouTube 講演家の「鴨さん」こと、鴨頭嘉人さんと

「日本一たい！」のポーズ！

◎著者プロフィール

山本 隆司（やまもと りゅうじ）

現在、『日本一たい焼』のフランチャイジーオーナーとして兵庫岡山を中心に13店舗事業展開。

福岡県出身。高校教師２年経験。その後、飲食畑に転身。牛丼の吉野家では４店舗の店長を歴任。４店舗目の大阪新梅田食道街店では、全国坪単価売上１位を記録。2007年、縁あって現在の日本一たい焼道を歩む。

2011年10月8日独立１号店となる『日本一たい焼京都福知山野花店』をオープン。

そこから、12年間で13店舗展開に至る２年前に、YouTube講演家の鴨頭嘉人氏と出会い、師事することを決意。

先日、挑戦したクラウドファンディングでは、総支援金額35,628,101円を達成。KAMOファンディング史上最高支援金額を更新する。

本書が初の著書となる。

山本グループ51のHP

山本隆司公式LINE

この人生は、日本一たい!

2024年1月11日 初版発行

著　者　山本 隆司
発行者　鴨頭 嘉人
発行所　株式会社　鴨ブックス
〒170-0013　東京都豊島区東池袋3-2-4　共永ビル7階
電　話　03-6912-8383
ＦＡＸ　03-6745-9418
e-mail　info@kamogashira.com

装　丁　Isshiki(松田喬史)
デザイン・DTP　Isshiki(杉本千夏)
撮　影　時岡 寛
編集協力　泉 元太郎
校正　株式会社ぷれす
印刷・製本　株式会社シナノ パブリッシング プレス

JASRAC 出 2308958-301

ISBN978-4-910616-10-0